卡耐基
人际交往心理学

【美】戴尔·卡耐基 / 著

张然 / 编译

中国经济出版社
CHINA ECONOMIC PUBLISHING HOUSE

图书在版编目（CIP）数据

卡耐基人际交往心理学 /（美）戴尔·卡耐基著；张然编译. -- 北京：中国经济出版社，2024.2
ISBN 978-7-5136-7657-1

Ⅰ.①卡… Ⅱ.①戴… ②张… Ⅲ.①心理交往-通俗读物 Ⅳ.①C912.11-49

中国国家版本馆CIP数据核字（2024）第018152号

责任编辑　张梦初　高　鑫
责任印制　马小宾
封面设计　华阅时代

出版发行	中国经济出版社
印刷者	三河市宏顺兴印刷有限公司
经销者	各地新华书店
开　本	880mm×1230mm　1/32
印　张	6
字　数	120千字
版　次	2024年2月第1版
印　次	2024年2月第1次
定　价	52.00元

广告经营许可证　京西工商广字第8179号

中国经济出版社　网址　www.economyph.com　社址　北京市东城区安定门外大街58号　邮编100011
本版图书如存在印装质量问题，请与本社销售中心联系调换（联系电话：010-57512564）

版权所有　盗版必究（举报电话：010-57512600）
国家版权局反盗版举报中心（举报电话：12390）　　　服务热线：010-57512564

Preface 前言

卡耐基是人际关系学大师，西方现代人际关系教育的奠基人，在人际关系学研究方面具有举足轻重的重要地位，其研究成果受到了各界人士的普遍认可和高度赞扬。他的人际关系心理学理论精华多数隐藏在他的《人性的弱点》《人性的优点》《人性的光辉》《美好的人生》等著作中。

卡耐基先生的人际交往理论来源于他圆满解决人际关系的成功经验，其中，既有他对自己亲身经历的感悟总结，又有他为各方人士开出的"解忧妙方"。无论是对亲身经历的感悟总结，还是为各方人士开出的"解忧妙方"，其核心部分自始至终都贯穿着他朴实的人际关系心理学理论。

人性是卡耐基人际关系心理学最重要的理论基石。他花费了大量的时间和精力对人性问题进行了深入、细致、精到的研究，运用心理学和社会学知识，对人类共同的心理特点进行探索和分析，最终开创出一种独特的集演讲、为人处世、智能开发于一体的成人教育方式。该教育方式以人性为出发点，深度剖析人在交往中的内心世界，其成果适用性强，惠及万千大众。

从人性的角度来看，人际关系学可以说是关于为人处世的学问，是对人情世故洞察的结晶，是帮助人们良好交往的理论指导。由此可以认定，人际交往的成功，也一定是对为人处世洞察并合理满足的结果。

卡耐基先生对人性问题的研究成果具有极为广泛的适用性，几乎适用于每一个有正常心理状态的人，这也就决定了他以人性为核心的人际关系学也必然具有极大的适用性。

虽然卡耐基人际交往心理学涵盖的理论内容深邃，不过却被他借助具体的事例深入浅出地娓娓道来，让人毫不费力地就可读懂并理解、领会，这归功于他对自己这套理论的运用自如和驾轻就熟的文笔功底。

本书是对卡耐基先生人际交往心理学理论精华的萃取，可以帮助我们在人际交往中踏上一条便捷的光明大道。

本书在编译的过程中没有做过多的修改，尽量保持大师著作原貌，以便广大读者更直接汲取大师思想理论的精华，领略大师光彩耀人的人格风采。相信广大读者朋友能从那些珍贵的观点、鲜明的人际交往理论中汲取到丰厚"营养"，帮助自己匡正人际观点，拓展人际交往。

Contents 目录

第一章　改变和提升自己
——让自己受欢迎的7项心态修炼

培养做事乐观的心态 ……………………………… 003
正视自己的不完美 ………………………………… 007
批评对方之前，先检讨自己 ……………………… 011
有勇气接受批评 …………………………………… 015
学会适时道歉 ……………………………………… 019
傲慢不可取，低调做自己 ………………………… 025
你的微笑价值百万 ………………………………… 029

第二章　尊重并礼遇对方
——缔结良好关系的6个心理支点

记住对方的尊姓大名 ……………………………… 035
用你的尊重换来对方的信任 ……………………… 039
寻找对方优点并给予真心赞美 …………………… 043

倾听比倾诉更让人倾心 ……………………………… 047

避免与对方争辩 …………………………………………… 051

凡事留一线，顾全对方的面子 ……………………… 056

第三章　给予理解和关心
——赢得他人支持的6个心理密钥

对别人表示真正的关注 ………………………………… 063

同情和理解别人 …………………………………………… 067

关心他人，对他人感兴趣 ……………………………… 070

了解对方的真实需求 …………………………………… 074

用温柔和善的态度赢得人心 ………………………… 078

多给对方支持和鼓励 …………………………………… 082

第四章　学会分享与合作
——确保友好往来的6个心灵秘法

永远不要心存报复 ………………………………………… 089

远离自私的泥潭 …………………………………………… 094

如欲采蜜，勿蹴蜂房 …………………………………… 099

施恩要在感恩前 …………………………………………… 103

努力为他人创造快乐 …………………………………… 108

学会分享生活的快乐 …………………………………… 113

第五章　提升沟通效果
——增强交流好感的7个心灵通道

把命令改成建议 119
站在对方的立场阐述问题 123
迎合对方的兴趣找话题 128
批评之前，先要欣赏他 132
多伸橄榄枝，让对方愿意与你交谈 138
换一种方式表达不满 143
让对方觉得决定是自己做出的 147

第六章　维系家庭和谐
——保证婚姻幸福的7个心理秘方

卸掉烦恼开心回家 155
对妻子表示衷心的赞赏 159
给丈夫足够的自由空间 164
鼓励丈夫做他理想中的那个人 168
关注见证你们爱情的细节 172
共同努力提升爱情的深度 175
避免把简单的问题复杂化 179

第一章

改变和提升自己

——让自己受欢迎的7项心态修炼

培养做事乐观的心态

我常常听人说，成功的思想使人成功，快乐的思想会让人快乐。这就是思想的力量。一种思想有时能够改变现实，这是一种戏剧化的技巧，或许听起来让人难以相信，但是把敌意转化为积极的力量，会决定我们成为一个什么样的人。谁也不能否认，你自己就是你思想的产物。

大多数人认为外界的事情很容易对一个人的心情产生影响。其实恰恰相反，我们对于事件的反应是正面的或者是负面的，才是决定我们是否快乐的最重要的因素。

马歇尔·科林和默琳·柯庚夫妇在经济上和副业上都颇有成就。马歇尔先生是一家在纽约很有声望的投资银行的合伙人。默琳夫人是《艺术拍卖品》杂志的主编，担任这个职位意味着未来会成为家喻户晓的人物。他们的家庭十分幸福，孩子也接受了很好的教育，三个孩子都就读私立贵族学校，并且学习成绩一直都很好。

柯庚一家在市区有一所漂亮的公寓，在郊区有一栋别墅。别墅靠近海边，独特的设计总是吸引很多人驻足欣赏。美国至少有100家以上的媒体报道过这栋别墅。这栋别墅还获得了好几次建筑设计奖，柯庚一家十分喜爱这个家。

但问题总是不期而至，马歇尔对投资的兴趣变得越来越淡，甚至想过要退出。很多同事和朋友都劝他不要气馁，给他很多鼓励，但是他的事业却丝毫不见起色。他创业的时机不好，赶上了经济危机。一夜之间，他投入的一切都付诸东流，很快就变得一无所有。而且祸不单行，在遭遇了经济的厄运以后，他遭受了更加沉重的打击，当他想要拼命奋斗事业的时候，医生宣布他罹患肝炎，并建议他至少卧床一个月。

虽然贷款的人对于他的境况非常同情，但是在条件上却无法做出丝毫的让步。他们宣称："必须要卖掉那栋别墅。"马歇尔对于这个条件是十分不愿意接受的，他不知道怎样把这个消息告诉妻子，更无法想象孩子们和妻子听到这个消息后会是什么样的反应。

没想到默琳听到这个消息后，平静地说："那就把这栋别墅卖出去，就这样决定了。"他们把全新的别墅和全部家具一起出售。他们只需要把衣物和孩子们的玩具收拾好，关好灯，锁上大门就可以了。

默琳对马歇尔说："我们是不是该给孩子们发一个黑色大垃圾袋，好让他们把玩具装在里面，带回市里。"马歇尔不太同意："这种场面最好还是不要让孩子们看到。我们两个人处理就好。"

默琳说："我们不应该这样做，应该让他们看到你的挫折，他们会明白也会理解的。因为他们会看到你再次站起来，这样，他们才能真正地了解，如果将来他们有一天也遇到了挫折，就会克服。"

他们达成共识以后，就开车去了海边。大家在离开的时候，在海边的别墅前站立了一会儿，然后锁上了大门。在回市里的路上,默琳对丈夫说:"我们现在可以想一想以后的样子,我们不会去海边度假了,但是,我们的日子还是过得很好。"然后她转过头对孩子们说:"一切都会好起来的,虽然现在我们没有了海边的别墅,但是我们还有舒服的公寓可以住在一起,我们一家人还可以在一起。你们爸爸的病好了,一定会重新站起来,一切都向好的方向发展,不会有什么问题的。"

事实就是这样。孩子们不用换学校,而且还如约参加了夏令营。马歇尔最终做回了自己的本行,并且做得十分出色。通过这件事情,马歇尔家的每个人都得到不同程度的启示,并且对以后的人生产生了很重要的影响。

大儿子在创业之初就遭遇了失败,但是他说:"爸爸的事情告诉我一切都会好起来,我一定能够做到,一定可以挺过去。那件事到现在我还是记忆犹新。"

我们应该怎样培养这种轻松乐观的心态呢?对于外界不好的事情我们又如何才能做出积极的反应呢?

每天我们起床时,都应该通过思考,知道今天的一天是顺利还是糟糕。如果我们不能开心地度过这一天,那么就是浪费了它。我们都无法避免生活中很多并不由人的外力决定的不良影响,但是面对挫折,我们拥有决定权,我们将决定这一天是否愉快地度过。

每个人都拥有转化积极心态的力量。当遇到的事情十分不顺心的时候,最应该做的就是把眼光放得长远一些,并放松心情,想想近来发生的事情,告诉自己应该怎样做出积极的反应。能够激怒你的事情或许有千千万万,但是,你不能让它们得逞,不能让它们带给你烦恼或者忧虑，要努力做一个不被生活上的琐事打倒的人。

南加州拥堵的交通，总是让著名发行人泰德·欧文在交通上浪费很多时间，他经常说："你被别人超车，并且还是在高速公路上，你只能选择耸耸肩，小声对自己说'不能这样开车呀，要不然车会被撞烂的'，也可以愤怒地把开车的司机臭骂一顿并给他一个骂人的手势。"

但我们都知道，什么方式能让自己更快乐，而这两种情况都不会让自己更快地到达目的地。实际上，你的一笑置之就可以使你拥有开朗、轻松的心境，或许还会增加寿命。

从前，欧文不是一个生性豁达的人，而是有些神经紧张的人。后来他渐渐明白，紧张和压力导致的坏情绪会让人损失更多，因此他常常会首先解决自己的态度问题，其次才会评价其他主管的表现。虽然人很容易反应过度，但是欧文还从未在工作的环境中发过火。这让他周围的环境也好了很多。

在一个团队中，领导者积极乐观地面对一切，彼此沟通、协作才容易保持工作顺利，并收到良好的效果。积极主动地吸取正面的力量，才能把正向暗示传递给其他团队成员，让这个组织迸发战斗力。

人际关系箴言

大多数人认为外界的事情很容易对一个人的心情产生影响。其实恰恰相反，我们对于事件的反应是正面的或者是负面的，才是决定我们是否快乐的最重要的因素。

正视自己的不完美

没有完美的世界,也没有完美的人生,有时目标与现实就差那么一点点。如果你抱着自己的完美理想不放手的话,就会招来无穷无尽的烦恼。相反,在完美与不完美间寻找一个平衡点,你的生活将会轻松快乐很多。

有时候人们会被这种在生活中或是工作中吹毛求疵、追求完美的压力所蒙蔽,认为只有做得"更好"才会使自己更加快乐。其实,大可不必,有时候你的缺陷也是一笔可观的人生财富,所以,没必要为自己的缺陷而烦恼。

有这样一个人:孩子没有那么聪明,妻子没有那么漂亮,家里也没有太多的钱,他总为自己的这些缺憾而不快乐。他为孩子的迟钝而伤心,为妻子平平的相貌而痛苦,更为自己的贫穷而自卑,他实在不堪忍受上帝的这种安排,于是就祈求上帝改变自己的命运。

这个人一直为自己祈祷了3年,上帝终于被他打动了,于是对他说:"如果你在世间找到一位对自己命运满意的人,我就弥补你所说的缺憾。"这个人一听高兴极了,于是就开始他的寻找历程。一天，他投宿一户人家，看到主人不仅家中殷实，妻子很漂亮，夫妻俩还有个聪明的儿子。于是这个人就问主人："你一定拥有一个完美的家庭吧？"

主人回答："哪里呀，你看到的只是外表，你知道吗？我妻子有严重的哮喘，我的孩子患有癫痫，家中虽然有点钱，可是，每年为妻儿看病都会花去很多钱。家家都有本难念的经呀，可能只有国王的人生才是完美的。"于是，这个人找到国王，问道："万岁，您有至高无上的王权，有享受不完的荣华富贵，您对自己的命运满意吗？"国王叹道："我虽贵为国君，却日日寝食难安，时刻担心有人想夺走我的王位，忧虑国家能否长治久安，我能否长命百岁，还不如一个快乐的流浪汉！"于是，这个人又去找了一个正在晒太阳的流浪汉，问道："流浪汉，你不必为国家大事操心，可以无忧无虑地晒太阳，连国王都羡慕你，你对自己的命运满意吗？"流浪汉听后哈哈大笑："你在开玩笑吧？我以乞讨为生，无家可归，怎么可能对自己的命运满意呢？"

就这样，这个人走遍了世界的每个地方，访问了各行各业的人，所有人都对自己的命运怨声载道。这个人终有所悟——人生都有缺憾，生活没有完美。

最后，上帝对他说："你儿子不聪明，但是孝顺；你妻子不漂亮，但是体贴；你家庭不富有，但四季平安，你为什么不为这些感到快乐，而为那些不可避免的缺憾感到痛苦呢？"

现实中，许多人都过得不够开心、不够惬意，因为他们对环境总存有这样或那样的不满，他们没有看到自己快乐的一面。也许你会说:"我并非不满,我只是指出还存在的问题而已。"其实,当你认定别人的过错时,你的潜意识已经让你感到不满了,你的内心已经不再平静了。

有一个不完整的圆为找回自己丢失的碎片,踏上了艰苦的滚动旅程。由于不完整它走得很慢,它尽情领略日出的壮观和日落的浪漫,一路走来它与鲜花为伍,同昆虫做伴。它找到了许多碎片,但都不是它要找的那一块。

终于有一天它实现了自己的愿望。然而,当它成了一个完整的圆后,却无法控制自己的速度,由于滚动得太快,错过了沿途的美丽风景,错过了花开的时节,忽略了昆虫的鸣叫,它感受到从未有过的孤独。当它意识到由于追求自己的圆满而失去了太多后,它坚定地放弃了自己历尽艰辛找回的碎片。

人活在世间,不如意事十有八九,谁能事事顺心呢?其实人生永远不会完美,人生就是这样,往往缺憾才是永恒的美。佛学中世界被称作"娑婆世界",意思是能忍受许多缺憾的世界。世界本来就是有缺憾的,如果没有缺憾就不能称作人的世界,人的世界就是由缺憾累积而成的,往往不完美才是完美,而太完美了就变成了缺憾。

我们在缺憾中生存,缺憾伴随我们一生。没有缺憾就是圆满,而圆满就是到达了终点,也意味着停滞。因为圆满会使人失去"咬牙切齿"奋斗的劲头。如此,圆满反而成了一个最大的缺憾。断臂的维纳斯,她的美不仅仅征服了西方,也征服了全世界。曾几何时，多少艺术家使出浑身解数，想为她修复双臂，然而，欲成其美却适得其反。

许多悲剧之所以那么令人回味无穷就在于它的缺憾，留给观看的人很大的思考余地。正如狄德罗所说："如果世界上一切都是十全十美的，那便没有十全十美的东西了。"月亮因为有阴晴圆缺，所以才那么丰富多彩。

杰出、优秀者并非完美，奇才常常有大缺憾。著名影星玛丽莲·梦露，有人说她脸太短，身材过于丰满，然而她却被评为"20世纪最美的女人"。美国伟大的总统林肯，相貌丑陋，不修边幅，嗓音粗哑，但他却是历史上最完美的演说家。

人际关系箴言

如果你抱着自己的完美理想不放手的话，就会招来无穷无尽的烦恼。相反，在完美与不完美间寻找一个平衡点，你将会生活得轻松快乐。

批评对方之前，先检讨自己

很多年前，我的侄女约瑟芬孤身一人离开家，到纽约来做我的秘书。当时她仅19岁，只有中学学历，已经毕业3年了。如今，她已经成长为一位很能干的秘书。

刚刚做我秘书的时候，约瑟芬总是犯一些让我无法忍受的错误。有一天，我忍不住想要批评她的时候，又对自己说了这样的话："不要着急，等一等，戴尔，你的年纪比约瑟芬大一倍，你处事经验也高过她许多倍。你怎么能希望她具有你的观点、你的判断力、你的见解呢？戴尔，在你19岁时你都做了些什么？还记得你那些愚蠢的错误吗？"

在我批评别人之前，我先说出了自己的错误。而当我真诚地站在公平的立场上想这些问题时，又发现约瑟芬比当年的我要优秀得多。从这以后，当我想要提醒约瑟芬时，我不会用指责的语气，而是会这样说：

"约瑟芬，你犯了一点儿错，可是老天爷知道，你并不比我所犯的错误更糟。你不是生下来就会判断一件事的，那是需要从经验中得来的。而且，我在你这个年龄时，犯过很多可笑的错误，现在你比我强多了，我绝不想批评你，或是其他任何人。但是，如果你照着这样做，你想是不是更聪明些呢？"

每个人都是上帝咬过的一个苹果，谁也不是十全十美的。当你在批评别人的时候，首先要承认自己的不完美和错误，其次指出别人的失误和不足，这显然更容易令人接受。

德皇威廉二世在位期间，圆滑世故的布洛亲王就懂得这种方法的重要性了。威廉二世妄自尊大，目空一切，他建设了陆军、海军，想要征服全世界。

威廉二世高傲自大、不把别人放在眼里的性格引发了一系列十分令人震惊的事情。他说了一些让人难以置信的话。譬如，鼓吹自己是唯一对英国人友善的德国人，他正在建造海军以应对日本的威胁。他还表示是自己一个人的力量，才使得英国不受法俄两国的屈辱。

这些言论不仅震撼了当时的欧洲，甚至对全世界都产生了影响。更为糟糕的是，他不仅不知悔悟，还把这些荒谬的言论对全英国说了出来，并未阻拦《每日电讯》报将此次讲话按原意面向全世界发表。

100多年的和平时期人们从未从欧洲的国王口中听到这样的话。英国人听到威廉二世的言论感到非常愤怒，整个欧洲一片哗然。他这时才感到事情的严重性，顿时慌张起来。他想到一个方法，打算让布洛亲王为他受过，向人们宣布一切都是布洛亲王的责任。

布洛亲王对此却说:"陛下,恐怕德国人或是英国人都不相信我会建议陛下说那些话。"说完这些话后,布洛亲王就立即意识到自己犯了一个很严重的错误,他这些话势必会激起德皇的愤怒。果不其然,威廉二世咆哮道:"你认为我是头笨驴,连你都不至于犯的错误,而我做了出来。"

布洛亲王想了想后恭敬地说道:"陛下,我绝对没有那种意思,您在许多方面都远胜过我,当然不只是在海军的知识上,特别是在自然科学方面。陛下每次谈到风雨表、无线电报等科学原理时,我总是替自己感到羞愧,感觉自己知道得太少了,对于各门自然科学都不懂,化学、物理更是一窍不通,就连最普通的自然现象我也不能解释。我只稍微知道一点儿历史知识,且在政治上仅有一点儿才能,即外交上的才能。"

当他说完后,德皇露出了笑容,并且称赞了他。布洛亲王用卑微的几句话改写了自己的命运。

让一个人改变自己的错误,而且不引起他的反感,是需要技巧和原则的。其中一条必然是在批评对方之前,要首先表明自己的缺点和错误。

"金无足赤,人无完人。"每个人都会犯错误,当看到别人犯错误的时候,首先应该想一想,自己是不是也犯过同样的错误,从而不会在批评别人时过分严苛。生活中这样的情况时有发生:一个人在遭遇批评的时候急切地想要解释,证明自己没有错。

究其根本原因,与德皇威廉二世的心理相同。他会在心里小声抱怨:"你凭什么说我?难道你都不犯的错我会犯吗?"或者"你有什么资格说我？你都在犯错。"因此在批评别人时，不宜用一种横冲直撞的说法，而应先表明自己的过错，为接下来即将说出口的批评做一个铺垫，那么，效果要远远好于前者。

一个有责任心的人，从来不会不敢承认自己的错误。勇敢地说出自己的错误，承认自己不是十全十美的人，然后去指出别人的错误，这样会更容易获得批评的效果，更易让人接受。一个谦逊的人在生活中更易交到朋友。在生活中，对朋友的称赞和批评，如果运用得恰当的话，不仅会收获真正的友谊，还会有不可思议的奇迹发生。做到推己及人，是成功的保障。

那些不分场合、不顾时间、不管对方心理性格，就直截了当、冷言冷语地批评，不仅达不到批评的根本目的，反而会造成麻烦。有的人即使知道自己做错了，也会被你的态度激怒，最后落到不欢而散的地步。

在批评之前能够给对方一个缓冲的机会，告诉对方，每个人都会犯错，即使犯错也不可怕，只要用积极的行动去改正，错误反而会让我们成长，那么，对方烦闷的心情就会得到缓解，批评的效果才会更加明显。

人际关系箴言

每个人都是上帝咬过的一个苹果，谁也不是十全十美的。当你在批评别人的时候，首先要承认自己的不完美和错误，其次指出别人的失误和不足，这显然更容易令人接受。

有勇气接受批评

我的档案柜中有一个私人档案夹，标示着FTD，意思是"Fool Things I Have Done"——愚事录，档案夹中插着一些我做过的荒唐事的文字记录。有时我口述由我的秘书做记录，但有时这些事是私密的，而我羞于请我的秘书做记录，因此只好自己偷偷写下来。每次我拿出这个档案夹，重看一遍我对自己的批评，可以帮助我处理最难处理的问题。

我曾经也会把自己的麻烦怪罪到别人身上，不过随着年龄的增长——也可能是长了一点儿智慧——我最后发现应该怪的人只有自己。很多人随着年龄的增长都会认清这一点。拿破仑被放逐到圣赫勒拿岛时说："我的失败完全是自己的责任，不能怪罪任何人。我最大的敌人其实是我自己，这也是造成我的悲惨命运的主要原因。"

有一位深谙自我管理艺术的人，叫赫韦尔。1944年7月31日，他在纽约市大使酒店突然身亡的消息震惊了所有人，因为他是美国财经界的领袖。他曾担任美国商业信托银行董事长，并兼任几家大公司的顾问。他受的正规教育很有限，起初在一个乡下小店做店员，后来做到美国钢铁公司信用部经理，前景大好。

我曾向赫韦尔先生请教成功的秘诀。他告诉我说，几年来他一直用一个记事本记录自己的生活，以此作为自我批评的依据。他的家人从不指望他周末晚上会在家，因为他们知道，他常把周末晚上留作自我反省，评判他这一周的工作表现。

一般晚餐后，他自己一人打开记事本，回顾一周内的所作所为。问问自己"当时做错了什么？""有什么是正确的？我还能做什么来改进自己的工作表现？我能从这次经验中吸取什么教训？"

这种每周检讨有时会弄得他很不开心，有时他几乎不敢相信自己的莽撞。当然，年事渐长，这种情况倒是越来越少。他到现在仍保持着这种自我分析的习惯，这对他的帮助非常大。

据说，赫韦尔这种做法可能是向富兰克林学的，不过富兰克林并非等到周末才会自我检查，而是每晚都自我反省。富兰克林在自我批评的过程中发现过十三项严重的错误，堪称网罗了大部分人都有的弱点，其中三项是浪费时间、担心琐事及与人争论。睿智的富兰克林后来说，自己要是不改正这些缺点，一定是成不了大业的。这也让我明白，富兰克林为什么会成为受人爱戴、极具影响力的人物。

哈伯德说过："每个人一天起码总有五分钟不够聪明，智慧似乎也有无力感。"一般人常因他人的批评而愤怒，有智慧的人却想办法从中学习。诗人惠特曼曾说:"你以为只能向喜欢你、仰慕你、赞同你的人学习吗?从反对你的人、批评你的人那儿,不是可以学到更大的教训吗?"与其等待对手来攻击自己,倒不如自己动手修正弱点,让对手无从下手。我们可以是自己最严格的批评家,在别人抓到我们的弱点前,我们应该自己认清并处理这些弱点。

修正自己的弱点是需要莫大的勇气的。比如有人骂你愚蠢不堪,你会如何对待呢?我们来看看林肯是如何处理的。林肯的军务部长斯坦顿就曾这样骂过总统,斯坦顿是因为林肯的干扰而生气。为了取悦一些自私自利的政客,林肯签署了一次调动兵团的命令。斯坦顿不但拒绝执行林肯的命令,而且指责林肯签署这项命令是愚不可及。

有人告诉林肯这件事,林肯平静地回答:"斯坦顿如果骂我愚蠢,我多半真的是笨,因为他几乎总是对的,我会亲自去跟他谈一谈。"林肯真的去看了斯坦顿。斯坦顿说服他这项命令是错误的,林肯就此收回成命。林肯很有接受批评的雅量,只要他相信对方是真诚的、有意帮忙的。

我认识一位香皂推销员,甚至主动要求人家给他批评。当他开始推销香皂时,订单接得很少,他担心会失业,但他确信产品或价格没有问题,所以问题一定是出在他自己身上。每当他推销失败,他就会在街上走一走想想什么地方做得不对——是表达得不够有说服力,还是热忱不足?有时他会折回去,问那位商家:"我不是回来卖给你香皂的,我希望能得到你的意见与指正。请你告诉我,我刚才什么地方做错了?你的经验比我丰富,事业又成功。请给我一点儿指正,直言无妨,请不必保留。"

他的这种态度为他赢得了许多友谊,以及珍贵的忠告。这位香皂推销员后来升任了高露洁公司总裁,他就是立特先生。

所以说,每个人都应该欢迎这样的批评,因为我们不可能永远都是正确的,连罗斯福总统也只敢期望自己能在四次里面有三次是正确的。最伟大的科学家爱因斯坦也曾坦率地承认他的结论99%都是错误的。

让我们放聪明点儿,也更谦虚一点儿,当你因恶意的攻击而怒火中烧时,先告诉自己:"等一下,我本来就不完美,连爱因斯坦都承认自己99%都是错误的,也许我起码也有80%的时候是不正确的。这个批评可能来得正是时候,如果真是这样,我应该感谢它,并设法从中获益。"

人际关系箴言

与其等待对手来攻击自己,倒不如自己动手修正弱点,让对手无从下手。我们可以是自己最严格的批评家,在别人抓到我们的弱点前,我们应该自己认清并处理这些弱点。

学会适时道歉

人是群居生物,人与人交往是必须的,也是不可避免的。在与人交往的过程中,即使我们很注意,也难免会有说错话、做错事的时候,有时候,这些错误可能会让别人在精神上或者物质上遭受巨大的损害。这时候,你必须尽早地对自己所犯的错误有所认识,对自己所带来的不良后果主动承担起来。这样,不但能够显示出你是一个有素质、有责任的人,而且更加容易获得对方的谅解。如果你逃避责任,为自己的错误千方百计地加以辩解,这样只会让你变得更加愚顽和不近情理。

　　莫斯里是一位来自阿根廷的移民,他才能出众,是一位房地产老板,但他最大的爱好不是赚钱,而是打高尔夫球,而且参加过一些大赛,拿过奖牌。
　　有一次,他和好友大卫合作参加高尔夫球双打比赛。比赛刚开始的时候,莫斯里的状态很好,球打得很不错,可是后来的击球却连连出现失误。当对方把球打到平坦球道的侧面,开始由莫斯里击球的时候,他却因为看高而打空了,使球只沿着跑道跑了几码的距离。

此时，本来就情绪不太好的大卫脸色变得更加难看，大声地指责莫斯里，对着他大发脾气。如果换了你到莫斯里的位置上，你打算怎么做？找理由为自己的失误进行辩解吗？还是对他说这只是一项运动、一个游戏，值得这样大呼小叫吗？或者毫不客气地回击他："我又不是你的出气筒，凭什么对我乱发脾气？"

而莫斯里却没有那么做，他知道那样做非但对解决问题无助，还会使他们的友谊受到打击。于是，他非常真诚地对大卫说："大卫，真的对不起。我今天打得确实很糟糕，我真诚地向你表示歉意。"

大卫听到莫斯里这么说，情绪马上好转起来，怒火也慢慢消失，口气开始缓和，只听大卫嘟嘟囔囔地说："我的朋友，你并没有错。是我今天心情有些糟糕，所以脾气暴躁，请你多多原谅。"

莫斯里的道歉不仅仅是简单的认错，他是在理智地处理矛盾和维护两个人的友谊，也是为了让事情不要变得更加糟糕。因此，在和那些正在生气的人说话的时候，我们应该尽量表现出真诚低调的态度，切忌跟他们发生争论。

乔治在一家新公司给一位上司做助手。眼前的主要工作是为上司拿出一套公司产品的宣传方案。他用一个星期的时间做好了方案，拿去给上司过目。没想到的是当上司看完他的方案以后，指着他大声吼叫起来："这真是一套糟糕透顶的策划方案，要是把它宣传出去，我们的公司就毁在你手里了！"

面对上司的指责，乔治并没有辩解什么，而是说："请原谅我的经验不足，我可以再改。""你怎么可以告诉消费者别的公司的化妆品比我们的化妆品销量更好呢？这不等于是告诉消费者说，我们的产品不如人吗？而且这个活动的花费比化妆品的利润还要多，斥资是巨大的，你这样的做法会使我们很快就破产的！"上司继续说着。

乔治又一次对上司说："我的经验真的不多，但是我愿意对我的策划方案重新进行修改。"

此时上司慢慢平静了下来，他也意识到了自己不应该对一个新手发这么大的火。于是他对乔治说："那倒不需要了，我已经把它修改好了。每一个没有经验的人都会犯这种错误。你不要太放在心上，我知道你已经尽力了。这些问题以后会慢慢地解决的。"

应该说乔治做的方案是有所对照和调查的，也是费了心血的，但他并没有借此为自己的错误进行辩解，还承认了自己犯的错误，使上司对他所犯的错误给予了理解和原谅。

根据上面的这个例子我们可以明白一个道理：真正的道歉并不仅是简单地承认错误，还应该是为了维系自己和他人之间不产生矛盾，勇于对自己的过失承担责任所做出的举动。

华盛顿在1755年参选弗吉尼亚州议会的议员，他在辩论中与一位名叫威廉·佩恩的人争吵起来。华盛顿忍不住对佩恩说了一些难听的话，而冲动之下，佩恩打了华盛顿。华盛顿的部下见自己的长官被打,马上围住了佩恩并准备把他抓起来。华盛顿阻止了部下的做法,并且命令他们立即返回营地。

华盛顿在第二天托人给佩恩捎去一张便条,约他在某一个酒馆见面。佩恩做好了跟华盛顿进行决斗的准备,然后应邀来到酒馆。但是,让他感到惊讶的是,摆在他面前的不是枪支,而是酒杯。

华盛顿诚恳地对佩恩说:"佩恩先生,每个人都会犯错误,我也不例外,昨天我对你的态度就是一个很大的错误,伤了你的自尊。但是对我来说,纠正错误也是一件十分开心的事情。我相信,在某种程度上你已经得到了满足。如果你觉得这件事情已经解决了的话,那么我们就握手言和吧,你觉得怎样?"

最后,佩恩先生不仅由华盛顿的激烈反对者变成了热烈拥护者,还成了华盛顿最要好的朋友。

可见,道歉并不是软弱的表现,毕竟人们承认自己的错误是需要很大勇气的。当你表示歉意的时候,你的态度很重要,千万不能给人一种敷衍了事的感觉,态度一定要诚恳。如果我们的自尊心使我们宁愿和朋友的关系破裂,也不愿选择道歉的话,那么我们就实在是太愚蠢了。

约翰·拉德和班德拉斯都是年轻人,也是很好的同事,他们同在一个办公室工作。有一次,两个人为了一个主顾而争执起来。后来,尽管两个人每天上班都能见面,却不再互相讲话。

这样的日子过了好多天，约翰觉得很无趣，他想：我和班德拉斯毕竟是多年的好朋友，为了一个主顾就翻脸了，实在是不值得，我要想办法把这个矛盾解开。

于是，在某一天下班的时候，约翰走到班德拉斯的办公桌前问他："班德拉斯，听说你的妻子患上了关节炎，不知道现在的情况好转了吗？"

班德拉斯听到约翰跟自己说话，感到很惊讶，他赶紧回答约翰说："我已经找过了三个医生来看妻子的病，现在她的病情好多了，谢谢你的关心，约翰。"

接下来，约翰愉快地接受了班德拉斯邀请他到家中做客的请求。

在一起去班德拉斯家的路上，约翰说："班德拉斯，你也知道我这个人常常会做一些蠢事，总是心直口快、做事不动脑子。"

班德拉斯听约翰这么一说，马上就知道约翰这是在向他赔礼道歉。于是，他也说道："我的朋友，前些天我做的那件事情确实不大对，对此我也深深地自责过，但是却一直没有勇气跟你致歉，还请你多多谅解。"

于是，他们的友谊又恢复如初了。

可见，当一个人犯了错，做了对不起别人的事的时候，首先要想到向对方道歉，而这个道歉的意义深远而巨大，不仅可以平复受损害的人对你的不满情绪，还会在自己的意识中刻下谨慎、低调和宽容的警示，以利于以后少犯或不犯类似的错误，让自己有一个更好的人际关系。

❀ 人际关系箴言 ❀

你必须尽早地对自己所犯的错误有所认识，对自己所带来的不良后果主动承担起来。这样，不但能够显示出你是一个有素质、有责任的人，而且更加容易获得对方的谅解。

傲慢不可取，低调做自己

从来没有人会去踢一只死狗，道理很简单，死狗既不能吓人也不能咬人，有谁会愿意惹上既无怜悯心又无慈善心的骂名呢？而多数被踢甚至是被追打的倒是那些到处狂吠不已、见谁咬谁的狗。

没有人会去踢一只死狗，同样的道理，人们也不会主动地去攻击那些看上去文弱和举止低调的人。如果这样为人的姿态仍然会受到批评的话，那你就要用正确的态度对待和理解。

1929年，美国发生了一件震惊全国教育界的大事，全美国的学者都赶到芝加哥去看热闹。在这之前，有个名叫罗伯·赫金斯的年轻人，半工半读地从耶鲁大学毕业，他从事过作家、伐木工、家庭教师和卖成衣的售货员。

如今，只过了短短8年时间，他就被任命为美国芝加哥大学的校长。这真让人难以相信。有一些老一辈的教育人士对此大摇其头，来自四面八方、各种各样的批评如同山崩落石一样骤然打在这位"神童"头上，说他太年轻了，缺乏必要的经验，教育观念也很不成熟，甚至各大报纸也参与了攻击。

在罗伯·赫金斯就任的那一天，他父亲的一个朋友对他父亲说："今天早上我看到报上的社论攻击你的儿子，真把我吓坏了。"

"不错，"赫金斯的父亲回答说，"话说得很凶，但是请记住，从来没有人会踢一只死狗。"

不错，打狗看主人，这只狗对主人越重要，打它，主人才会越心痛，踢它的人也才能越感到满足。

当初，温莎王子也曾被人狠狠地踢过。

温莎王子曾在帝文夏的达特莫斯学院读书——这所学校相当于美国安那波里市的海军军官学校。那时候他才14岁，有一天，一位海军军官发现他在哭，就问他为什么哭。他最初不肯说，但等他说了实情后，指挥官也大为震惊，原来王子被军官学校的学生踢了。为此，指挥官把所有的学生召集起来了解情况。

指挥官首先向学生们说明，他了解这件事，但并不是王子告的状，但是他想知道为什么这些人要如此虐待温莎王子。

这些学生推诿支吾了半天之后承认：这么干是为了等他们自己将来成了皇家海军的指挥官或舰长的时候，可以告诉别人，他们曾经踢过国王的屁股。

原来他们搞这个恶作剧就是想在将来显示一下自己的权威。你要是被人踢了，或者是被别人恶意批评了的话，请记住，他们之所以做这种事情，是由于做这事能使那些人有一种自以为重要的感觉。这通常也就意味着你已经有所成就，而且值得别人注意。

许多人在骂那些受教育程度比他们高，或者在各方面比他们成功得多的人的时候，都会有一种满足的快感。比如说，我接到一个女人来的信，痛骂创建救世军的威廉·布茨将军。因为我曾在广播节目里赞扬过他，因此引起了这个女人的不满，于是她便写信给我，说布茨将军侵占了她募集来救济穷人的800万美元。

这种指责当然非常荒谬，但是这个女人并不是想找到事情的真相，只是想要扳倒一个比她地位高的人，来获得她自己的满足感。结果，我把她那封无聊的信丢进了废纸篓。我看不出布茨将军是什么样的人，但是却对这个女人非常清楚。叔本华说过："庸俗的人在伟人的错误和愚行中，得到最大的快感。"

大约很少有人相信耶鲁大学的校长会是一个庸俗的人，可是有一位担任过耶鲁大学校长的摩太·道特，就曾责骂一个竞选总统的人。"我们会看见我们的妻子女儿成为合法卖淫的牺牲者。我们会大受羞辱，受到严重的损害。我们的自尊和德行都会丧失殆尽，使人神共愤。"

这几句话听起来仿佛是在骂希特勒，但却不是，而是在骂托马斯·杰斐逊，就是那个起草《独立宣言》的人，也是那个民主政体的代表人物，还有美国国父华盛顿也曾被骂作"伪君子""大骗子""只比谋杀犯好一些"，还画着他站在断头台上，一把大刀将要把他的头砍下来的图画；画着在他骑马从街上走过的时候，一大群人围着他又叫又骂的场景。这些人的内心想法都是相同的。

现在我再拿1909年乘雪橇到达北极而震惊全球的著名探险家佩瑞海军上将举例。几百年来，有许多人为了要完成这一壮举而历经千难万险，甚至丧生。佩瑞也几近饥寒交迫而死，有8个脚趾因冻坏而被切除。而那些华盛顿的上级海军官员们却因为佩瑞这样受到欢迎和重视而心生嫉妒。他们诬告他假借科学探险的名义敛财，实际上是在北极享受逍遥。他们想羞辱和阻挠佩瑞的决心强烈到最后必须由麦金莱总统直接下令，才能使佩瑞在北极继续他的研究工作。

假如佩瑞当时是在华盛顿的海军总部里坐办公室的话，他会不会遭到别人的批评？不会的，因为那样他也就不会重要到能引起其他人的嫉妒。

格兰特将军的经历比佩瑞上将更糟。1862年，格兰特将军赢得了北军第一次决定性的胜利，立刻成为全国人的偶像，但是在获得这次伟大胜利的6个礼拜之后，他却遭到逮捕，兵权被夺，使他羞辱而失望地哭泣。

为什么格兰特将军会在胜利的巅峰状态被捕呢？绝大部分原因是他引起了那些傲慢的上级们对他的嫉妒与羡慕。

说到此，我不能不为我上面说过的话做个总结，要与人为善：第一，切记不要傲慢；第二，要坦然面对别人对你的批评。因为批评不一定就是你真的有什么见不得人的事，而是他要借助你提升一下自己，仅此而已。

人际关系箴言

没有人会去踢一只死狗，同样的道理，人们也不会主动地去攻击那些看上去文弱和举止低调的人。如果这样为人的姿态仍然会受到批评的话，那你就要用正确的态度对待和理解。

你的微笑价值百万

施科瓦先生曾告诉我,他的微笑能抵得上100万美元。他大概是在向我暗示微笑的力量,因为施科瓦的性格魅力,以及他那令人欢喜的能力,几乎正是他特有的成功的全部原因。而他的个性中最可爱的因素之一,就是他那迷人的微笑能够打动一切。

面带微笑给人温暖如春的感觉,满脸冰霜给人冷如寒冬的感觉。真诚的微笑往往会给人留下美好而深刻的印象。有人说,微笑是人际交往中最佳的通行证,是人与人之间最短的距离。

做一个真诚微笑的人,微笑会让人觉得你非常友善,他会明白你的心意:"我喜欢你,你使我快乐,我很高兴见到你。"

我曾建议我班上的商界学员,让他们花上一个星期的时间,每一天的每一个小时都对别人微笑,然后回到班上来谈他们的体验。事实上,他们这样做之后的效果怎样呢?

这是纽约证券交易所会员威廉·史丹哈德写来的一封信。他的情况并不是个别现象。事实上,他只是好几百人中的代表之一。

"我结婚已经有18年了,"史丹哈德写道,"在此期间,我从起床到准备好出门上班,我都很少对我的妻子微笑,或对她说上一两句话。我是那些在百老汇匆匆行走的人当中脾气最坏的一个。

"因为你建议我们去体验微笑，并要求我们就此进行演讲，于是我就想试一个星期，看看效果如何。所以，第二天早上，当我梳头的时候，我就看着镜子中那副阴沉的面孔，对自己说：'比尔，你今天必须扫除你脸上的愁容，你一定要微笑。你现在就必须开始。'我坐下吃早餐的时候，对我妻子说：'亲爱的，早上好！'我说这话的时候，脸上带着微笑。

"你的确曾提醒过我，她可能会感到惊讶。可是，你低估了她的反应程度。她不仅是惊讶不已，简直是被惊呆了。我告诉她，她将来每天都能看到我这种愉快的表情。从此以后，我每天早上都是这样，至今已有两个月了。由于我改变了态度，结果我们家在这两个月中所得到的快乐，比过去两年中所有的快乐还要多。

"现在，当我去办公室的时候，我会对大楼开电梯的人大声说'早上好！'并对他报以微笑。我还微笑着和看门人打招呼。我在地铁售票处兑换零钱的时候，也会微笑着和服务员打招呼。当我站在交易所大厅的时候，还会对那些以前从未见过我微笑的人微笑。不久，我就发现每个人都对我也报以微笑。对于那些爱发牢骚的人，我也不再恼怒，而是和颜悦色地对待他们。当我听他们抱怨的时候，我会保持微笑，这样问题就很容易解决了。我发现，微笑给我带来了巨大的财富，我每天都会收获许多财富。

"我和另一位经纪人共用一间办公室，他有一位秘书，是一个很可爱的小伙子。由于我很高兴自己所取得的进展，就将自己最近学到的人际关系哲学告诉了他。没想到他承认说，当他最初和我共用办公室的时候，他还以为我是一个郁郁寡欢的人呢。直到最近，他才改变对我的看法。他说，当我微笑的时候，他觉得非常亲切。

"现在我改掉了批评别人的习惯。我只欣赏和赞美别人，而不再指责他们。我也不再只考虑自己的需要，我现在更多地从别人的立场来看待问题。这些做法真的改变了我的生活。现在，我已经变成另一个完全不同的人了，我成了一个更幸福、更充实的人，而且拥有很多友谊和快乐。这些显然才是最重要的。"

微笑是构建良好人际关系、调节各种矛盾的润滑剂。微笑如同阳光，它能给他人带来温暖，使他们对你产生宽厚、谦和、平易近人的良好印象。微笑是一种宽容、一种接纳，它使人与人之间心灵相通，展颜一笑胜过千言万语。

对我们每一个人来说，微笑轻而易举，却能照亮所有看到它的人。当你每一次奉献出微笑的时候，你就在为人类幸福的总量增加分量，而这微笑的光芒也会回照到你的脸上，给你带来方便、快乐和美好的回忆，何乐而不为呢？

微笑是成功者的名片。让我们细读阿尔伯特·哈伯德下面这段睿智的忠告，并为之付诸行动吧！

你每次出去的时候，都要收缩下巴，挺起胸膛深呼吸；在阳光中沐浴，微笑着招呼每一个人，每次握手时都要用力。不要怕被误会，不要浪费时间去想你的仇敌。要在你心中明确你喜欢做什么，然后坚持不懈，勇往直前，集中精力大展宏图。随着时光的流逝，你会发现你在不知不觉中抓住了机会，实现了自己的愿望。在脑海中想象你希望成为的那个有能力的、诚恳的、有作为的人，这种想象会长期影响着你，每时每刻提醒你，将你改造成为你所希望的那种人……思想的影响是至高无上的。必须保持正确的人生观，要有勇敢、诚实、愉悦的态度。正确的思想本身就有创造力。一切都来源于希望，每一次真诚的祈祷都会有所应验。我们内心希望成为什么，我们就会变成什么。因此，请收缩你的下巴，抬高你的头。我们就是明天的上帝。

人际关系箴言

微笑如同阳光，它能给他人带来温暖，使他们对你产生宽厚、谦和、平易近人的良好印象。微笑是一种宽容、一种接纳，它使人与人之间心灵相通，展颜一笑胜过千言万语。

第二章
尊重并礼遇对方
——缔结良好关系的6个心理支点

记住对方的尊姓大名

人对自己的姓名最在意，把一个人的姓名记住，很自然地叫出口来，是一种最简单、最明显而又最能获得好感的方法。

弗莱去马棚里拉出一匹马来，那匹马被关在马棚里已经有好多天了，它被放出来后非常高兴，身体打转双蹄腾空，弗莱被马活活踢死了。

弗莱死后留给妻子和三个孩子的仅是几百元的保险金。弗莱的大儿子吉姆只有10岁，为了家中的生活，就去一家砖厂做工，他的工作是把沙土倒入模子里压成砖瓦。

吉姆没有机会受更多的教育，可是他有达观的性格，使人们自然地喜欢他，愿意跟他接近。他后来参与政治，经过多年磨炼，逐渐养成了一种善于记忆人们名字的特殊才能。吉姆虽然没有进过中学，可是到他而立之年已有四个大学赠予他荣誉学位。他曾当选为民主党全国委员会主席，担任过美国邮务总长。

有一次，我专程去拜访吉姆先生，请他告诉我他成功的秘诀。吉姆只简短地告诉我两个字："苦干！"他的这个回答，让我觉得是在敷衍我,很不满意,于是我摇摇头说:"吉姆先生,别开玩笑。您已经很成功了,不怕人和你竞争了。"

他问我:"你认为我成功的原因是什么呢?"而我不假思索地回答他说:"吉姆先生,我知道你有一种特异功能,能叫出一万个人的名字来。"吉姆对我说:"你错了!我大约可以叫出五万个人的名字。"原来,吉姆在一家公司做推销员的那些年中,还担任了洛克雷村的书记,这使他养成了一种记忆别人姓名的方法。这套方法很简单。他每遇到一个新朋友时,就问清楚对方的姓名,家有几口人,做什么和对当前政治的见解。

他问清楚这些后,就牢记在心里。下次再遇到这人时,即使已相隔了一年多的时间,还能拍拍那人的肩膀,问候他家里的妻子儿女,甚至还可以谈谈那人家里后院的花草。

罗斯福开始竞选总统前的几个月中,吉姆一天要写数百封信,分发给美国西部、西北部各州的熟人、朋友。而后,他乘上火车,在十九天的旅途中,走遍美国二十个州,经过一万两千里的行程。他除了乘火车外,还使用其他交通工具,像轻便马车、汽车、轮船等。

吉姆每到一个城镇,都会去找熟人做一次极诚恳的谈话,接着再赶赴他下一段的行程。当他回到东部时,立即给在各城镇的朋友每人写一封信,请他们把曾经谈过话的客人名单寄来给他。那些不计其数的名单上的人,都得到吉姆亲密而礼貌的复函。

吉姆早就发现,一般人对自己的姓名最感兴趣。把一个人的姓名记住,很自然地叫出口来,你便对他含有微妙的恭维、赞赏的意味。若反过来讲，把那人的姓名忘记，或是叫错了，不但使对方难堪，对你自己也是一种很大的损害。

我在巴黎曾经组织过一个讲习班，用复印机分函给居留巴黎的美国人。我雇用的那个打字员英文水平很差，敲姓名时自然就发生了错误。其中有个学员是巴黎一家美国银行的经理，我接到他一封责备的信。原来我那个法国打字员，把他的姓名字母拼错了。可见，每个人对自己的名字是多么在意，而记住别人的名字又是多么必要。

当我还是苏格兰的一个小孩时，曾得到一公一母两只兔子，不久，我就有了一窝小兔。可是，我找不到可以喂它们的东西。但是我想出一个聪明的主意来。我跟邻近的那些小孩子说，如果谁去采小兔吃的东西，这只小兔就用谁的名字命名。这个主意功效神妙，使我永志不忘。在做事的时候，这种方法往往能解决棘手的问题。

安德鲁·卡耐基要将钢轨售给宾夕法尼亚铁路局，这家铁路局局长是汤姆森。所以安德鲁就在匹兹堡建造了一家大钢铁厂，命名为"汤姆森钢铁厂"。由此不难想象，宾夕法尼亚铁路局采购钢轨时，汤姆森会同意去哪一家买？

有一次，安德鲁和普尔姆竞争小型汽车、小客车业务的经营权。当时安德鲁负责的中央运输公司和普尔姆所经营的公司，双方争取太平洋铁路的小型汽车、小客车业务，互相排挤，接连削价，几乎已侵蚀到安德鲁可以获得的利益。

安德鲁和普尔姆都去纽约见太平洋铁路局的董事会。那天晚上，安德鲁在圣尼古拉大饭店遇到了普尔姆，对他说："晚安，普尔姆先生，我们两个人是不是都在作弄我们自己？"普尔姆问："你这是什么意思？"于是安德鲁就说出自己的见解，希望双方将业务合并起来，由于双方并不竞争，可以获得更大、更多的利益。普尔姆虽然注意听着，但并没有完全相信，最后普尔姆问："这家新公司你准备叫什么？"

安德鲁马上就回答："那当然叫普尔姆皇宫小型汽车、小客车公司。"普尔姆那张绷得紧紧的脸顿时松弛下来，说："安德鲁先生，到我房里来，让我们详细谈谈！"就是那一次的谈话创造了安德鲁·卡耐基企业界新的奇迹。

人们都重视自己的名字，尽量设法让自己的名字流传下去，甚至愿意付出任何的代价，即使牺牲也在所不辞。很多人不记得别人的名字，只因为他们认为没有必要花工夫和精力去记。如果问他们为什么，他们可能就会为自己找借口，说自己很忙。

可是，一种最简单、最明显而又最重要的获得好感的方法，就是记住对方的姓名，使别人感到自己很重要。无论是在政治上、事业上还是交际上，记住他人的姓名都是非常有必要的。

人际关系箴言

人对自己的姓名最在意，把一个人的姓名记住，很自然地叫出口来，是一种最简单、最明显而又最能获得好感的方法。

用你的尊重换来对方的信任

每个人都渴望得到他人的尊重，但并不是每个人都能做到尊重他人。在社会交往过程中，建立信任是极其重要的一环。倘若没有信任，那么，朋友和陌生人究竟又有什么区别呢？仔细观察周围的人们，有哪些是信任你的，哪些又是你信任的呢？思考一番后，不难发现，凡是我们信任的人，都是给予我们足够尊重的人。这足以说明，尊重是建立信任关系的基础，没有尊重就没有信任，而没有信任，那么所谓社交便毫无价值。

人们乐此不疲地参加各种社交活动，其最直接的目的就是赢得更多人的信任，从而获得帮助或者心灵上的慰藉，如果没有信任，这些便都无法成立。要想赢得陌生人的信任，首先就要做到尊重。世界上永远没有两片相同的树叶，每个人都有自己的立场、想法和观点，我们常常会犯这样一个错误，那就是把自己的想法强加在他人身上，并试图说服对方和自己保持一致，实际上，这并非一个好习惯，毕竟每个人都有权保持自己的独特性，彼此间真诚尊重、求同存异，才是最为明智的社交态度和立场。

作为一名专业试飞员，包布·胡佛的大名在整个20世纪都如雷贯耳，他不仅擅长试飞各种飞机，而且常常参加各类航空展览，并表演花式飞行。当年，他曾参加在圣地亚哥举行的航空展览。表演结束后，他驾驶飞机返回洛杉矶，谁知在飞行过程中却遭遇了一次惊心动魄的逃生之旅。

当时的《飞行》杂志曾刊载了这则事件，包布·胡佛在返回洛杉矶的途中，他所驾驶的飞机引擎突然熄火，要知道飞机毕竟和汽车不同，汽车引擎熄火最多只会抛锚而已，但飞机可是在距地面300英尺的空中，一旦熄火就意味着飞机将自行坠落，这对于一名飞行员来说根本就是一场灾难。但幸运的是，包布·胡佛的飞行驾驶技术十分纯熟，经验也十分老到，他操作着熄火的飞机开始滑行迫降，并成功着陆，但飞机却因此而遭到了严重损坏，不幸中的万幸是，所有人都没有受伤。

作为一名经验丰富的飞行员，包布·胡佛脱险后第一时间便检查了飞机的燃料，令他吃惊的是，这架螺旋桨飞机所使用的燃料居然不是汽油，而是喷气机燃料，正是这一致命错误导致了飞机引擎熄火，并差点儿让随机的三人死于非命。

经过种种艰难险阻，包布·胡佛终于回到了洛杉矶机场，这时，他要求见一见负责这架飞机保养的机械师。因为机械师工作失误而造成的人为空难，相信任何一个飞行员都会为此而感到愤怒，但包布·胡佛并没有发火，不管对方犯了怎样的错误，对于一个从未谋面的工作伙伴来说，尊重是最起码的要求。

很快，包布·胡佛就见到了这位年轻的机械师，他已经意识到自己的失误，并为此而泪流满面，因为他的工作失误，一架飞机无缘无故地遭到了严重损坏，所造成的经济损失巨大，更不用说险些闹出人命。愧疚的机械师此时的情绪十分低落。

面对让自己险些丢掉性命的罪魁祸首，胡佛没有一句责骂，也没有一句批评。他深深地明白尊重是为人处世最起码的要求，要想赢得对方的信任，首先就要信任他人，正是因为如此，他没有丝毫责备，而是用手臂紧紧抱住机械师的肩膀，并意味深长地说道："为了显示我相信你不再犯错误，我要你明天再为我保养飞机。"

两个陌生人从相识到建立起信任，必须有一个人主动敞开心扉，唯有我们像花儿对太阳敞开胸怀一样，去接纳他人，主动去信任他人，才能在最短的时间内赢得对方的信任。

在现实生活中，总有一部分人不懂得如何去尊重他人，他们常常以自我为中心，不愿意接受他人的看法，甚至在自己讲话的时候都不允许对方插嘴，实际上这些都是不尊重他人的表现。

受人尊重是所有人的一种心理需求，如果连最起码的尊重都没有，又如何才能信任他人呢？所以，我们既要懂得尊重，还要学会尊重，不仅要尊重自己，更要尊重他人。

生活中，我们要尊重他人与自己的相异之处，每个人都是不同的，尊重对方与自己的共同点容易，但接受对方的差异却并不容易。要想赢得他人的信任，就要学会宽容，不要用自己的思想一味去苛求对方，而应正视其不同。

此外在与人相交的过程中，主动抛出"信任"的橄榄枝。

人们往往会存在这样的心理：只要对方信任自己，那么，我必定会信任他。但每个人都希望对方先信任自己，于是等来等去，时光蹉跎，而我们却白白浪费了彼此信任的契机，如此一来岂不可惜？不妨先人一步，主动抛出"信任"的橄榄枝，我们以尊重和诚意为礼，必然能够更容易地获得对方的信任。

人际关系箴言

尊重是建立信任关系的基础，没有尊重就没有信任，而没有信任，那么所谓社交便毫无价值。

寻找对方优点并给予真心赞美

假使我们真是这么自私、这么功利,吝啬于给人带去一点快乐,一旦没有从他人身上得到好处,就不再对他人表示一点赞赏或表达一点真诚的感谢——如果我们的灵魂比野生的酸苹果大不了多少,那么我们的心灵会变得多么贫乏。天底下只有一种方法可以促使人去做任何事,那就是给他想要的东西。那么,一个人究竟想要什么呢?

林肯曾在一封信中提到"人人都喜欢受人称赞"。威廉·詹姆士也说过:"人类本质里最殷切的需求是渴望被人肯定。"他不用"希望""盼望"等字眼,而是用"渴望"这个词,可见受人称赞是人类所需的重要东西。这种"被人肯定的渴望",也正是人类同禽兽的最大区别。

约翰·洛克菲勒成功管理人事的首要秘诀,就是真诚地赞赏他人。洛克菲勒有一位生意伙伴叫爱德华·贝德福特。在一次交易中,由于决策的失误,他使公司损失了近百万美元。当时,洛克菲勒完全有理由指责贝德福特,但他并没有这样做,因为他知道贝德福特已经尽力了,况且这件事已经过去了,所以洛克菲勒另找其他的事,说他节省了50%的投资金额,以此称赞贝德福特。

洛克菲勒赞美说:"这简直太好了,我们并不能总是像巅峰时期那么好。"

其实类似这样的例子还有很多,真诚地赞美他人不仅是管理者的必修课,也同样是生活中每一个人所需要掌握的一门处世技巧。下面这个故事就发生在我们的生活当中,看看它能不能给各位带来一点启迪。

一个夏天的农场里,有个农妇劳累了一天后,为干活的男人准备了一堆干草当晚餐。男人愤怒了,并质问她是否发疯了。她说:"我怎么知道你会在意呢?20多年来,我一直煮饭给你吃,可你从来都不吭声,也从来没有告诉我你不吃干草啊!"

虽然这个故事可能不是真的,但我却并不认为这个故事是假的。近几年,曾有人对妇女离家出走的原因进行过调查。你想知道这些妇女离家的主要原因是什么吗?那就是"没有人领情"。我想,男人离家的原因也大概如此。即使我们心里也常常感谢另一半所做的一切,但从来没有说出自己的称赞和感恩之情,就仿佛他们所做的一切是天经地义的一样。

我们会照顾儿女、朋友甚至雇员的身体,但我们可曾照顾过他们的自尊?我们给他们牛排、美酒,以补充他们的体力,却忽略了感谢他们的言语。这样的言语胜似清晨那美妙的音乐,将永远在他人的记忆深处歌唱。

我有个挚友的妻子,参加了一种自我训练与提高的课程。回家后,要丈夫列出六项能让她自己变得更理想的事情。虽然这位朋友能够轻易地列举出这样的六件事，可他却没有那样做。他只是对自己的妻子说："让我仔细想想，明天早上再告诉你，怎么样？"

到了第二天，他早早地起来，打电话要花店送六朵美丽的红玫瑰给他的太太，并附上纸条："我想不出有哪六件事希望你改变，我就喜欢你现在的这个样子。"

傍晚回家的时候，你猜会有什么样的事情发生呢？他的太太正站在家门口，眼含热泪地等他回家！看到这样的情景，他很高兴也并没有趁机批评一番。第二天，太太再去上课时，把事情的经过讲给他人听，许多人都说这是他们所听到过的最善解人意的事。由此也让人体会到了赞赏的力量。

百老汇中最著名的歌舞剧家弗罗仑兹·齐格菲具有一种使"美国女孩增添光彩"的超人能力。很多次，他都把原本没有人愿意多看一眼的平凡女孩，变成了风情万种、千娇百媚的大明星。他所用的就是赞美和鼓励。他常用体贴、殷勤的力量打动女士们的心，使她们确信自己是美丽的。他用加薪的方法使女士们感到自己的重要。他很浪漫，每逢首演之夜，一定打电话给主要明星，还送她们一大束红玫瑰。

我们在日常生活中，常常会忽略赞美他人的美德。当孩子做了第一个蛋糕或做了一只蝈蝈笼时，我们忘了鼓励他们；当孩子带回一份好的成绩单时，我们也忘了称赞他们。对孩子来说，父母的赞美和关注是最令他们高兴的。

有一段时间，我曾一度因为推崇时尚，而进行了六天六夜的绝食。这当然是很难做到的。但是，我还是坚持下来了，到了第六天的晚上，已不像前几天那样饥饿难熬了。我们都知道，如果让家人和手下的员工绝食六天，我们肯定会有一种很深的犯罪感。可是我们却常常对家人和员工六天、六周,甚至是六年都不曾表示赞赏,难道这种精神鼓舞不是同食物一样重要吗?

爱迪生曾说,遇见的每一个人都是自己的老师,因为自己从他们身上学到了东西。如果这话对爱迪生来说是对的,那么对我们则更是如此。让我们尽量去发现别人的优点,然后发自内心地、真诚地去赞赏他们吧!

人际关系箴言

真诚地赞美他人不仅是管理者的必修课,也同样是生活中每一个人所需要掌握的一门处世技巧。

倾听比倾诉更让人倾心

现在的社会，人与人之间越来越没有耐心。我们很难耐心地听完一位不相干的人的讲话，很多时候，我们听着别人的讲话，就会想着去做自己的事情。有些人不能给人留下好印象的原因，是不注意倾听别人的谈话，这些人他们关心自己下面所要说的是什么，可是他们从不倾听别人说的话。

很多人都不明白，交流的关键并不在于你说了什么，而在于你是否认真倾听。我们会发现，那些喜欢插话、抢话的人很难获得别人的好感，而那些很少说话、安静倾听的人却备受欢迎。

早些时候，我曾被邀请参加一次桥牌界的聚会。对我来说，我并不了解桥牌，碰巧的是，还有另一位不会玩桥牌的人，她是一位漂亮的女士。她对我有一些了解，知道我曾一度做过汤姆斯的私人助理，那时候汤姆斯在欧洲各地旅行，而我则负责帮助汤姆斯录下他沿途的所见所闻。在我们互相介绍后，她便对我说："卡耐基先生，能不能请你告诉我，你所看到的离奇景色和你所经过的名胜有哪些地方？"

我们聊得很投缘，当我们在沙发椅上坐下后，就聊到了她和她丈夫的一次非洲之旅。我当时对这位漂亮的女士说："我总想去一次非洲，可是除了在阿尔及尔停留过24小时外，非洲其他地方我都没有去过，你有没有去了值得你缅怀的地方？那是多么幸运，我真羡慕你，关于非洲的情形你能告诉我吗？"

这位女士似乎受到了莫大的鼓舞，她开始不断讲述她和她丈夫在非洲的见闻，并且不再问我看见过什么东西，或是到过什么地方。她一个人讲了45分钟的非洲故事，而我则安静地倾听，使她能扩大她的"自我"，而讲述她和她丈夫所到过的地方。

谈话结束后，我们都很愉快，我听了一个有趣的故事，而她则重温了一段难忘的经历。

这位女士并没有与众不同之处，大多数人都像她那样"自我"，渴望向别人表达自己，这是人的天性。但我想告诉你：倾听也是谈话的一部分，真正的谈话高手往往都是很少说话的倾听者。

我在纽约出版商格林伯的一次宴会上，遇到了一位著名的植物学家。此前，我从未接触过植物学，但是我觉得他讲述的那些事情都很有趣。我当时完全被他的话吸引了，坐在椅子上听他讲有关大麻、大植物家"浦邦"和布置室内花园等事，他还给我讲述了一些关于其他植物的事情。

这次宴会，我们在一起相处了数个小时，在座的其他十几位客人都被我忽略了，我一直在和这位植物学家交流。

宴会结束时,我向在座的每个人告辞,这位植物学家在主任面前赞美了我,说我是一个"极富激励性"的人。他还指出我是他见过最健谈、最风趣、具有"优美谈吐"的人。事实上,我知道自己几乎没有说话,因为我一点儿都不懂植物学,即使我想谈,也不知道该从何谈起,但我还是成了有"优美谈吐"的人。

我的谈吐就是静静地倾听,我正是这样做的。我静静地、认真地听这位先生讲述他迷人的植物学。我确实用心了,对他讲的那些,我产生了浓厚的兴趣,并沉醉其中。他看到了我的反应,自然地就会十分高兴了。

倾听是我们对任何人的一种尊敬和恭维的表示。在这次谈话中,我的倾听传达出了很多信息,我告诉那位植物学家,我受到他的款待和指导;我告诉他,希望能同他一起去田野散步,同时我希望能再见到他。事实上,我被他惊人的学识折服了。

伍福特在他《异乡人之恋》一书中曾这样说:"那专心注意所包含的谄媚很少人能拒受。"正因如此,这位植物学家认为我是一位健谈、谈吐优美的人。其实,我只不过是善于静听,并且善于鼓励他谈话的人而已。

依烈奥脱说:"一桩成功的生意往来,没有什么神秘的诀窍,最重要的就是专心倾听着对你讲话的人,再也没有比这个更重要的了!"不仅是生意,很多谈话也是这样,倾听是沟通的开始,这并不是什么诀窍。

著名记者马可逊访问过很多风云人物,他说:"有若干成名人物曾这样跟我说,他们所喜欢的,不是善于谈话的人,而是那些静静听着的人。能养成善于倾听能力的人，似乎要比任何好性格的人少见。"不只是大人物喜欢静听的人，普通人也同样喜欢，他们都喜欢那些听自己讲话的人。

如果你不懂得仔细听人家讲话，只会不断地谈论你自己，那人们都会远远地躲开你，背后笑你，甚至轻视你。如果别人正谈着一件重要事情时，你发现有你自己的见解，不等对方把话说完，马上就提出来，那你会发现再也不会有人和你谈话，大家见到你都不会说什么。在你想来，对方绝对不会比你聪明，你为什么花那么多时间去听那些没有见解的话？是的，所以你不断插嘴，用自以为很有见地的话去打断别人的看法。但你从没想过，他们并不需要你的看法，他们只是想要发表一下自己的看法，想要找一个倾听的人。

不要被自己的自私心和自重感麻醉，这会让你被人憎厌。一个人只知道谈论他自己，永远只会为自己设想，这种人是无药可救、没有受过教育的。

你如果想要成为一个谈笑风生、受人欢迎的人，那你首先需要倾听别人的谈话，提出别人喜欢回答的问题，鼓励对方多谈他自己和他的成就。

人际关系箴言

如果别人正谈着一件重要事情时，你发现有你自己的见解，不等对方把话说完，马上就提出来，那你会发现再也不会有人和你谈话，大家见到你都不会说什么。

避免与对方争辩

要想不被人讨厌,就必须做符合人本性的事。我很小的时候,就和斗嘴抬杠结下了不解之缘。我喜欢和哥哥在任何事上都不停地打嘴仗。喜欢争论似乎成了我的天性。后来,我在大学里又选修辩论学和逻辑学,并且经常参加辩论比赛。

再后来,我到了纽约,在那里教授演讲和辩论,我甚至曾准备写一本关于辩论的书。但有一件事使我改变了这种争论的毛病,它使我明白了一个道理:在争论中获胜的唯一方式就是避免争论。所以,我们绝不可能用口头的争斗改变任何人的思想。

第二次世界大战结束后,我正在伦敦担任洛斯·史密斯爵士的经纪人。第二次世界大战期间,史密斯爵士是澳大利亚空军飞行员。欧洲战役胜利不久,他在一个月内飞行了半个世界,轰动了全世界。为此他获得了英国女王授予的爵士爵位,也得到了澳大利亚政府的奖励。一时间,他成为英国的著名人物。

一次,我去参加一个宴会。宴会上,一位绅士讲了一个笑话,笑话中引用了一个句子,他说那句话引自《圣经》。

恰好我当时知道那句话出自莎士比亚的作品，于是就满怀优越感地告诉他。可他立即坚持说，不可能出自莎翁的作品，肯定出自《圣经》。于是我们争论起来。我的老朋友弗兰克·凯姆正好坐在我旁边，他非常熟悉莎士比亚的作品。于是我和那人向弗兰克·凯姆请教。凯姆听后，在桌子底下用脚碰了碰我，然后说我错了，那句话出自《圣经》，那个人是正确的。

在回家的路上，我问凯姆怎么回事，因为他明明知道我是对的，可他说："你的确是对的，那句话就出现在哈姆雷特的第五幕第二场。但是，我们都是作为客人去参加宴会的，为什么当着众人的面非要证明是他的错误呢？为什么不保留一下他的颜面呢？他并不需要你的意见，为什么和他顶嘴呢？记住，永远不要和别人正面冲突。"如今，虽然凯姆已经不在人世了，但我永远记住了他说的这句话：要永远避免和他人面对面地对着干。

富兰克林曾说过：假如你总是争论、辩驳，或许偶尔你能赢，可这种胜利是空的，因为你永远得不到对方内心的好感，所以你要好好想一想，你是要那种语言上的胜利，还是要别人对你发自内心的好感？

美国前总统威尔逊当政时，威廉·麦肯锡是他的财政部部长。威廉根据多年的从政经验，总结出了这样一句话：依靠辩论无法让无知的人服气。"无知的人"，也许威廉说得太保守了。根据我自己的经验，不管对方的知识和智商情况如何，你都无法靠辩论改变他的想法——这是人天生的性格。

斐森是个所得税顾问，他在上课时说："有一次，为了一笔关键的五千美元，我和一名政府的税务稽查员争论了两小时。这五千美元实际是应收账款中的死账，没法收回来，所以不该征所得税。可那位稽查员却执意要收。那位稽查员傲慢、冷酷、固执。越和他争执，他就越顽固。"

面对这种情形，斐森对他说："这件事比起其他你要处理的重要而困难的事情真是不值一提。我对税务问题的研究大多是来自书本上的死知识，而你工作经验丰富，你的知识全是实际工作经验的总结。我真羡慕你的工作，那会学到很多知识。"

于是稽查员在椅子上坐直了，长时间地谈论他的工作，并说起了他的孩子。当时的紧张气氛一下子就缓和了。到临走时，稽查员说他要考虑一下这个问题，几天以后再答复。三天后，稽查员给斐森打来了电话，那些所得税他决定不征了。

人性中希望被肯定的特点在这位稽查员身上被表现得淋漓尽致。他要的是一种重要人物的感觉。斐森越和他争论，他就越顽固地用职务的权力来显示自己的权威，当斐森认同了他的权力时，也就没有什么可争的了。斐森最终使他的权威欲得到了满足，于是他就表现出了宽容和理解的一面。帕安互助保险公司有一条铁的纪律，那就是"不要争论"。真正的商业精神不是争论。因为争论并不能让人改变想法。

欧·亨利是我的一个学员，他受的教育不多，却总喜欢争论。

他当过司机，做过汽车推销员，但都做不好，于是就来求教于我。

经过简短的交谈，我知道他总是习惯和顾客争论，如果对方说他的汽车哪里不好，他立即会急躁地和顾客吵起来。他在这样的争论中取得了多次胜利，但他的汽车却没卖出去几辆。因此，他很苦恼。于是我告诉他，要学会忍耐和克制，不和别人吵架。现在，亨利已成为怀特汽车公司的推销明星。那么，他是如何成功的呢？

亨利说现在他去向客户推销汽车，如果客户说怀特的汽车不好，他要去买荷西的汽车。亨利会说荷西的东西确实好，买他们的货是不会错的，荷西的车都是著名厂家生产的，业务员也很棒。他每次都要先认同客户的想法，然后说怀特的好处，结果收到了极好的效果。

避免争论可以节约你的大量时间与精力，使你投入到完善你的观点和实践你的观点的工作中去。完全没有必要浪费精力去干那些没有结果也毫无意义的事情。少去了面红耳赤的争论，只会使双方更尊重对方，从而增进友谊，有利于思想的交流、意见的转换。

有一篇文章告诉我们这样避免争论：

首先要做到的是倾听，给对方一个表达的机会，不要打断他，让他把自己的意思完整地表达出来。用心地倾听，增加沟通和了解。其次是寻找共同点，在你听完了对方的话后，先去寻找你和他意见相同或相近的地方。答应认真考虑不同的意见，要真心地承认，他的不同意见可能是对的，因此答应考虑他的意见是比较聪明的做法。再次是感谢持不同意见者的关心。因为关心同一件事情，所以才产生不同的意见。把他看作能给你带来帮助的人，也许他会成为你的朋友。最后是不急于行动，给双方时间。适当地停下来，更仔细地考虑一下现存的问题，然后举行会谈。问一问自己：如果我保持沉默，分歧就会不存在吗？这个难题是我的一次机会吗？

几乎所有的争论，都会使参加争论的双方更加坚持自己的观点。不管在表面上是否占了上风，本质上他们都输了。这就像战争的双方都会有损失一样，在争论中也永远没有赢家。

人际关系箴言

避免争论可以节约你的大量时间与精力，使你投入到完善你的观点和实践你的观点的工作中去。完全没有必要浪费精力去干那些没有结果也毫无意义的事情。

凡事留一线，顾全对方的面子

很多年前，美国奇异电气公司碰到了一件很难处理的事：撤销斯坦米滋的部长一职。

斯坦米滋对电学方面很有研究，算得上是一等一的人才，但是他却在会计部任部长一职，虽然这并不是他的所长，但由于他在电学上的成就，公司又不敢得罪他。

为人敏感的他让公司做出这个决定费了很长时间。公司最终决定，特地给他一个新的头衔，而另派他人担任会计部的部长。鉴于他在电学上是不可多得的人才，公司让他担任顾问工程师。

这一决定不仅顾全了斯坦米滋的面子，而且让公司的主管部门很满意。在一片和平的气氛中，公司解决了困扰很久的大难题。对于这位有着怪癖的高级人员的调动，公司做得很好，没有发生摩擦，顾全了斯坦米滋的面子。

可以看出顾全一个人的面子是多么重要，但是，生活中却很少有人做到。我们不留余地地践踏他人感情，专找别人的错处，或以嘲笑或加以恐吓。有的人当着家长的面，批评他的孩子；有的人面对用人口出恶言，根本不顾及别人的自尊！这样的例子比比皆是。

实际上，如若我们能够多花几分钟去仔细斟酌，说几句体恤别人的温情的话语，让对方感到你的谅解和原谅，这样会少很多痛苦。下次，当我们需要辞退用人或雇员时，应该记住要顾全对方的面子。

我想要引述格雷琪给我的一封信，格雷琪深谙上述原则，看完这封信，相信对你会有很大的帮助。信的内容是这样的：

辞退雇员，可不是一件有趣的事。被辞退的人，当然会更不高兴。但是，我所负责的业务，都是有季节性的，因此，每年的3月，我都需要辞退一批雇员。

在我们这一行，有一句俗话："没人愿意掌管斧头。"结果就形成了一种习惯，越快解决越好。在我解聘一位雇员时，总会这样说："请坐，现在季节已过，我们似乎没有什么工作给你做了。当然，我相信你事前也知道，我们只是在忙不过来的时候，才请你们来帮忙。"

我从未想过，我所讲的这些话，会给他人造成什么影响，会让他们多么失望。他们是终身在会计行业中讨生活的。对于这些草率辞退他们的机构，他们显得并不特别的喜爱。

现在，每当我要辞退雇员时就会稍微使一点手腕，每次我都要把他们在这一季中的工作成绩细看过之后，才召见他们。然后，我对他们说："某某先生，你这一季中工作成绩很好。上次,我派你到组瓦克城办的那件事很困难,而你却办得有声有色,公司有你这样的人才,实在幸运。你很能干,你有远大的前程,不管到哪里,你都会受到人们的欢迎。公司很相信你,也很感激你,希望你有空常来玩儿!"

那么,结果怎么样呢?这些被辞退的人,听了我这番话心情似乎舒服多了,他们不再觉得自己受了委屈。他们知道以后如果这里再有工作时,还会请他们来的。当我们再请他们来时,对我们这家公司他们会更有亲切感。

保全别人的面子是每个优秀的仲裁者都懂得的道理。已故的马洛先生,作为最优秀的仲裁者之一,他有一种奇妙的才能,能够使两个水火不容的生死仇家达成和解。你一定好奇他是怎样做到的,原因在于,马洛先生能够找出双方都有理的事实。这个需要仔细寻找,然后,对找到的对方的优点加以赞许,一直到双方都满意,否则就不会放弃。所以,不论最后的结局是什么,马洛先生绝不会认定任何一方有错。

这个世界上,一个真正伟大的人物绝不会是一个只注意自己某些成就的人。例如,土耳其人和希腊人历经了长达数百年的敌对仇视状态。1922年,土耳其人终于决定把希腊人从自己的领土驱逐出去。

当时任土耳其总统的是凯末尔,一天,他沉痛地对士兵说:"你们的目的地,就是地中海。"这样一句简单的话,开启了近代史上最为激烈的战争。结果是首先发起攻势的土耳其军队获胜,铁考彼斯将军和狄阿尼将军向土耳其总统请降的时候，受到了大街小巷土耳其民众的驱赶和辱骂。

凯末尔态度很亲切地握着他们两个人的手说："你们一定累了吧，两位请坐。"凯末尔和两位谈了谈战争的情况。为了减少他们心中的沉痛感，凯末尔对他们说道："我们经历的战争有时候很像是竞技比赛，高手也会有遭遇失败的时候。"

凯末尔虽然赢得了战争，但是他并没有忘记要顾全对方的面子，从而使他得到了对手的尊重。

在日常生活中，你一定也不想被别人毫不留情地指责、责难吧？那么就换位思考一下吧。人与人打交道最重要的就是能够凡事都留有一线。顾全别人的面子，起码两个人之间不会心存芥蒂和尴尬。

所以当你想要狠狠批评别人的时候，最好先让自己冷静下来。即使对方真的犯了错误，也要做到不恶语相向。说话要尽量做到圆滑不令人反感，先表扬对方的优点，保全他的面子，再表达对他所犯下错误的惋惜，这样在与人沟通的过程中就会感到愉悦而轻松。

顾全对方的面子，不仅能够让人很好地接受自己的意见，还能增加自己的魅力指数和凸显个人修养，这是一件一举两得的事情，需要我们每个人都学会，这会使你得到更多人的尊敬。

人际关系箴言

　　说话要尽量做到圆滑不令人反感,先表扬对方的优点,保全他的面子,再表达对他所犯错误的惋惜,这样在与人沟通的过程中就会感到愉悦而轻松。

第三章

给予理解和关心

——赢得他人支持的6个心理密钥

对别人表示真正的关注

那些重要的人士所得到的关怀已经很多了,所以你不能只关注那些重要的人。对那些秘书、助理、接待员等也需要我们给予真心的关注。他们是使你的生活正常有序但却经常被你忽略的一群人。时常问一问他们最近的高兴的事情,这样最起码会让信件更快地到达你的办公桌。

主编琳·波维琪任职于《职业妇女》杂志,她曾在《新闻周刊》工作了很长时间。刚开始工作时,她是一名秘书,经过自己的努力升至研究员,后来荣任《新闻周刊》第一位优秀女性资深编辑之职。这个职位表示曾经那些管自己的作家和编辑现在都开始受她的督导。

波维琪对我说:"事情开始变得有趣。"同事们都认可波维琪的晋升,认可她的能力,但是有一位编辑却不以为然。波维琪说:"那位编辑其实不是因为讨厌我,而是因为他认为我仅仅凭借性别获得了这个职位,而他无法接受这个安排。他觉得我并非真才实学,但当着我的面儿又若无其事的样子。我是从别人的口中听到的。"

在波维琪晋升六个月后,这位编辑对于他的不以为然道歉了。有一天，这位编辑走进波维琪的办公室，坐到她对面，坦言说："我必须告诉你，我对你的晋升一开始感到不公平，你太年轻，经验不足，得到这个职位或许是因为你是个女人。但是，这半年来，你说服了我，你对工作有着浓厚的兴趣，很关心编辑和作家们，我真的很感激你。因为在你之前的编辑都只是把这个职位当成跳板，但你却让我看到了你对这份工作真正感兴趣，不仅如此，对每个人也充满了兴趣。"

在《职业妇女》杂志新职位上的做事风格是波维琪用很长时间培养起来的。她认为，作为领导应该关心每一个人，认真地关心他们，绝不能拒人于千里之外。她常常和同事们交谈，他们有一套聚会系统，每个同事都知道某一天的哪个时间可以有机会单独和她谈话。她对每个人的工作都感兴趣，也对他们本人感兴趣。

你只有对别人表示真正的关注，才能让别人对你也感兴趣。人们在别人的真诚帮助下总是会有回应的。其中有一个最基本的心理因素在起作用：得到别人的真正关注，总是让人非常高兴的，会让我们觉得自己与众不同，觉得举足轻重。喜欢与对自己感兴趣的人来往，跟他们建立友谊，以报答关切之情，我们常常也会对他们多加关注。

汤姆·哈特曼是纽约天主教会中的一位名人。他多年来主持过3800场婚礼，并且为1万多名新生的婴儿施行洗礼。很多人都请他主持。难道是没有其他的神父可请吗？当然不是，因为哈特曼表示出比别人更多真诚和浓厚的关切之情。

哈特曼不是格式化地一成不变地主持婚礼。他通常会花很长时间去了解新人，为了真正接触他们，他会邀请他们到自己的住所，也会拜访他们的住所。在准备的几个月中，他会让他们介绍自己。这样,他才能主持符合个人需求和兴趣的婚礼。

哈特曼会对新娘说,他答应主持这场婚礼并不只是把它当作一个仪式。他要挖掘其中真正的奥秘,以使婚礼设计得超乎想象的浪漫、美好。因此,他说,他需要了解两位新人,了解他们对彼此的关系有什么看法,到底深爱对方什么。相爱期间有没有什么挑战,又是如何应对和克服的。所有的一切,哈特曼将会在婚礼中提起。

哈特曼的工作绝非易事,要达到的目标是使两位新人能够更加了解对方。他说:"他们会发现我对他们一生中最关键的时刻是如此的重视,很多时候,他们会愿意听我的。"

哈特曼对婴儿施行洗礼也是认真对待,他会了解这家人和所有一切对于婴儿的诞生有着特殊意义的事情。在对一个单亲妈妈的孩子施洗时,哈特曼甚至陪着母亲上有关生产的课。

哈特曼说:"由于自己的这种关切,当我在建议丈夫应该陪着妻子上课时更加地具有说服力。我自己去过拉马兹教室,那些男士才能信服。而我也会鼓励他们去参加。"

有很多种方法可以表示对别人充满兴趣,而且很多时候是很容易的。譬如,当你碰到逛街的朋友,会对这次的偶遇表示出真心的喜悦。用开心的声调去回答和打招呼,是你对别人感兴趣的表示。

一家投资公司的财务长大卫·泰勒表示:"关于这个人和这个人的职业我是牢牢记住的。只要我一看见麦克利斯特先生,就会联想到他的工作,永远记得他在必治廷公司上班。这两件事情在我的脑海里是紧密地连接在一起的。我能够记住这些,但是我发现并不是所有人都具备这种能力。"

记住别人的名字,你也许无法想象它能发挥出多大的作用。泰勒在他工作的饮料公司担任主管的时候就深刻地体会到,这一点是非常重要的。他说:"当时我在加拿大的一家饮料公司上班,航空界的人都是大客户,这听起来有点奇怪,但是我认为认识他们是非常重要的。就像格鲁曼飞机公司的员工非常多,他们的公司也装了很多的饮料贩卖机。"知道一些人名和与他们有关的东西,这对开拓市场是十分有益的。

🌸 人际关系箴言 🌸

得到别人的真正关注,总是让人非常高兴的,会让我们觉得自己与众不同,觉得举足轻重。喜欢与对自己感兴趣的人来往,跟他们建立友谊,以报答关切之情,我们常常也会对他们多加关注。

同情和理解别人

对于善于社交的人来说，人们对他们总有一些误解，认为他们主要是得益于天赋和社会背景，这样的理解是意识的偏差，要让它回到正确的轨道上很简单，就是改变一下你的思维角度，相信对方说的话是真的，但不需要你真的去顺从。

有一句话说得好："你这样想是对的，因为假如我是你的话，可能也会如此。"像这样的回答方式，能让非常尖锐的对立情绪缓和下来。记住，说的时候一定要真诚，因为如果你是他，也一定可以感受得到。

举个例子来说，你没有成为一条响尾蛇的原因只有一个，那就是你的父母本身就不是。你不会跟牛去亲吻，不把蛇作为图腾的原因也只有一个，那就是你不是出生在恒河河畔的印度人家。

你能成为你现在的样子，根本没有什么可骄傲的——而那些心浮气躁、顽固、不够理智的人，之所以会那样，也并不全都怪他自己。对于他们，我们应该充满惋惜与同情。

有一个叫高约翰的人，他见到大街上的醉鬼总是这样说："假如上帝没有对我格外眷顾，我也许就是那样。"

明天你要见到的人，多半都是迫切渴望同情的人。满足他们，他们肯定会喜欢你。

与美国著名的音乐经理人伍勒打交道的都是那些世界顶级的艺术家，比如查理亚宾、邓肯、潘洛佛等。

伍勒先生对我说，在同那些性情怪异的艺术家打交道的时候，他最大的成功之处就是同情——对他们那怪里怪气的脾气表示同情。

他曾经为查理亚宾做过三年的音乐会经纪人。查理亚宾是美国最伟大的低音歌唱家，他是最能打动首都大戏院那些高高在上的观众们的。可他做起事来就像是一个娇纵惯了的孩子。套用伍勒先生的话来说，那就是"他哪一点都糟透了"。

比如，有一次，演出的时间已经确定了，可就在演出前几个小时查理亚宾却给伍勒先生打电话说："沙尔，我难受极了，我的嗓子糟透了，今天晚上我不能唱歌了。"

伍勒先生怎么做呢？谈合约吗？谈损失吗？当然不能，他很清楚，艺术经理人不能那样做。他亲自跑到查理亚宾的旅馆去，向他表示同情。他非常遗憾地说："哦，真是太不幸了！可怜的朋友，你肯定是不能唱歌了。我会马上去把这次的合约解除掉的，尽管会让你损失掉一些钱，可跟你的名誉比起来，那又算得了什么呢？"

这样一说，查理亚宾却改变主意说："最好下午再说，五点钟你再来一趟，看看到时候我的情况是否有好转。"

于是，下午五点的时候，伍勒先生再次跑来对他表示理解。当他再说解除合约的时候，查理亚宾又说："好的，你能不能再看看，等再晚一些的时候你来看看我，没准儿我会好一些了。"

到晚上七点半的时候，这个伟大的低音歌唱家就觉得自己可以演出了，不过有个附加条件——伍勒先生必须到首都大戏院的舞台上申明一下，说查理亚宾得了严重的感冒，嗓子受到了影响。

伍勒先生表示同意，因为他心里很清楚，要想让这个伟大的歌唱家正常演出，只能这样做了。

格慈士在他的著作《教育心理》里面说："作为一个人总是希望能得到别人的同情。孩子会很快让人知道他受到的伤害，有的甚至故意弄伤自己，以此博得别人的同情。

"基于同样的原因，成年人也会把他们受到的伤害显示出来，说说他们身上的病痛、他们的不幸遭遇，尤其是动手术的详细情形。为了自己的不幸——不管是真实的，还是想象出来的——而可怜自己，其实，这几乎是我们人类共有的特性。"

当我们了解了人们所具有的某些特性后，再与人交谈与合作的时候，就要注意对对方的一些表态和词语进行分析，并以同情和理解的话语进行反馈，这样就能达到交际的理想目的。

人际关系箴言

你能成为你现在的样子，根本没有什么可骄傲的——而那些心浮气躁、顽固、不够理智的人，之所以会那样，也并不全都怪他自己。对于他们，我们应该充满惋惜与同情。

关心他人,对他人感兴趣

我喜欢宠物狗,觉得它们是世界上对人最友善的动物。有一段时间我把宠物狗当作我最知心的朋友,向它倾诉我的心事,让它伴我入睡。每次回家,它都会跑过来,高兴地冲我摇尾巴。事后想想,我喜欢宠物狗,是因为它只关心我,它把我当作整个世界,而且宠物狗亲近我,这背后并没有其他企图,它不是想和我谈一谈生意,也不是想从我这里获得利益。

宠物狗从来都没有读过心理学,更没有人教过它们如何讨人欢心,但是它们却能成为人们信赖的伙伴。同样,你也不用去读心理学,你只需去真诚关心别人,坚持一段时间后,你就会发现你交到的朋友,有很多都会对你产生兴趣,并且这样的朋友会比以往多很多。

很多人认为这个社会只存在尔虞我诈,人与人之间早已没有了真诚,其实不然。你有这样的想法,完全是因为同人交流时,自己抱着戒心……所以我想再次提醒你:如果你时刻关心别人,对别人产生兴趣,在两个月的时间里所交的朋友,要比只想让别人关心你、对你产生兴趣时多很多。

有人终身想要别人对他产生兴趣,这是一个错误的想法。事实上，大多数人还是只关心自己，无论什么时候都是这样。

维也纳著名的心理学家阿得洛在他的著作《生活对你的意义》中写道："一个不关心别人、对别人不感兴趣的人，他的生活必遭受重大困难，同时会给别人带来极大的损害，所有人类的失败，都是因为这些人才发生的。"

我们都有过照团体照的经历，当我们看到这张团体照时，首先看的是谁呢？没错，当然是我们自己。人首先会关注自己，其次才会关注别人。假如我们只是想使人注意，对我们产生兴趣，我们永远不会有很多真正的朋友。

塞斯顿的魔术表演曾经风靡一时，每一个看过他的魔术的人都会拍案叫绝。在他40多年的表演生涯中，塞斯顿走遍了美国的各州，大约有6000万观众看过他的表演，让他每年有200万元的收入。

塞斯顿在百老汇献技时，我到化妆室拜访过他，我们促膝谈了一个晚上。我问他在魔术方面成功的秘诀，他给我讲述了一个过往的经历。他告诉我，他并没有接受过高等教育，年幼时就已离家出走，成了一个无家可归、四处漂泊的人。为了生存，他偷乘火车，睡在草堆上过夜，挨家求乞。他仅仅认识的几个字，都是从路边的广告牌上学的。

我请教塞斯顿先生是否有什么过人的魔术技巧，他否定了我这样的想法。他告诉我，关于魔术的书已出版的有数百本之多。现在在魔术方面，类似他这样造诣的也不在少数。如果说他和其他魔术师有不一样的地方，那就是他独特的表演风格。

塞斯顿比别的魔术师更懂得人情世故，这造就了他独有的表演风格。他的每一个动作姿态、说话的声调，事前都经过严格的练习，他举止敏捷，反应灵活，每一个动作都分秒不差。他把每一位观众都当作上帝。每次上台时，他先会对自己说："我要感谢这些捧场的观众，他们使我生活得如此舒服，我要尽我最大的力量完成这场表演。"

在他上台的过程中，会不停地告诉自己："我爱我的观众，我爱我的观众。"这并不是什么玩笑，而是一名伟大的魔术师的过人之处。

人都喜欢被关心的感觉，不管是屠夫还是厨师，抑或是宝座上的国王，都是如此。关心他人，能够让人感受到温暖，这是待人处世之道。

我在纽约大学选修短篇小说著述法的课程期间，听过一场印象深刻的演讲。演讲者是一位著名杂志的编辑，他告诉我们，他每天拿起桌上数十篇小说中的任何一篇，只要看上几段后，就可觉察出作者是否喜欢别人。倘若是一个十分自我的人写出的作品，他的作品将不会受到别人的喜欢。

这位编辑还传授了他多年的审稿经验，他告诉我们："只有你先对别人产生兴趣，你才能成为一个成功的小说家。如果写小说的秘诀是这样，那应用在待人处世上更是如此。"无论何时，都应该如此。

当你开始关心别人时，你就已经有了引起他人注意的机会。每个人心中都有善念，你的关心能够唤起他人心中的善念，让人对你心生感激。你可以从一些小事做起，比如，天气变幻时，提醒对方注意保暖；饭桌上，推荐给对方一些招牌菜；看对方心情不好时，对对方说一些宽慰的话。总之，这些小事都是你关心别人的理由，也是引起别人重视的关键。

不要总是想着自己的兴趣，这并不能帮到你。许多人每天忙碌不堪，就是为了多获得一些利益，但最终什么也没有得到。其实，只要你去关心他人，你会发现交流并不是那么难。

如果你在生活中为交流所困扰，那就去试着关心别人，这并不会给你造成损失。如果你身边的人们并不是都关心你、对你有兴趣，那就时不时地问自己："假如你今晚死了，将会有多少人参加你的葬礼？"这会让你保持清醒，而不是陷在自以为是的虚假幻想中。

我并不喜欢重复，但还是要再次告诉你：一个不关心别人、对别人不感兴趣的人，他的生活必遭受重大困难。

人际关系箴言

你只需去真诚关心别人，坚持一段时间后，你就会发现你交到的朋友，有很多都会对你产生兴趣，并且这样的朋友会比以往多很多。

了解对方的真实需求

很多人在交际中都将自己作为谈话的中心，而不是去了解对方的真实需求，这实际上进入了谈话的误区。须知，真正的沟通是以双方都感兴趣的话题进行的。我常在谈话时试着去了解对方的真实需求，然后以此为切入点。果然，这个方法让我和大多数聊天的人都建立起了良好的关系，甚至有些人还和我成了经常往来的朋友。

在与人沟通方面，我还是比较有发言权的，很多人问我这方面的技巧时，我的第一句话就是"摆正心态，去了解对方的真实需求"。成功的人际关系首先起于沟通，这就要求你具备捕捉对方观点的能力。你要找到对方的观点，然后才能把谈话进行下去。当你了解了对方的真实需求后，就从对方的需求出发，告诉他们如何才能满足自己的需求，而你就是来帮助他们的。这样交际没有不成功的。

我们中的大多数人都有过钓鱼的经历。在钓鱼时，我们都会用一些虫子来做鱼饵，那么为什么不用牛肉或面包之类的食物做鱼饵呢？很简单，因为鱼喜欢吃的就是虫子，牛肉和面包是我们人喜欢吃的。

正是因为鱼喜欢吃虫子做的鱼饵,钓鱼时我们不会有别的想法,而是专心用虫子做饵等待鱼上钩。我们不可能把牛肉和面包扔进水里,朝着鱼问:"喂,你喜欢吃哪种食物?"

钓鱼是这样,"钓人"也是同样的道理。首先要找到合适的"鱼饵",其次你才能等着你的"鱼"上钩。

在沟通过程中,对方的真实需求就是你要下的"鱼饵",了解到对方的需求,你才能下对"鱼饵",对方才能和你进行有效的沟通,接着才能够影响他,获得你需要的东西。世上唯一能够影响别人的方法,就是谈论人们所要的,同时告诉他,如何才能获得。

如果你希望别人为你做什么,那就要告诉对方做这件事情能够得到什么帮助;反之,如果你希望别人不要做什么,就要让他知道这样做会有什么危害。人们很多时候考虑问题的出发点都是自己,毫不夸张地说,从来到这个世界上的第一天开始,大多时候我们的每一个举动、每一个出发点,都是为了自己,都是为我们的需要而做。

哈雷·欧佛斯托教授在他的一部颇具影响力的书中谈道:"行动是由人类的基本欲望产生的……对于想要说服别人的人,最好的建议是无论是在商业上、家庭里、学校中、政治上,在别人心中激起某种迫切的需要,如果能把这点做成功,那么整个世界都是属于他的,再也不会碰钉子,走上穷途末路了。"

所以,如果你在劝说某人的时候,不妨冷静想一想:"我要怎样才能让他这样做?"这样想的好处是可以避免你在匆忙之中对人说一些没有用处的话,反而会让对方觉得你是出于某种不良目的来加以阻止的。

亚拉巴马州伯明翰市的霍华德·卢卡斯告诉我：两位同在一家公司工作的推销员，面对同一件事务采取了两种不同的做法。这件事情引起了我的兴趣，得知了事情的全部后，我常常用这件事来鼓励他人在沟通时去主动了解对方的真实需求。

几年前，卢卡斯和几个朋友共同经营了一家小公司。在公司附近，有一家大保险公司的服务处。这家保险公司的经纪人都被分配好辖区，负责我们这一区的有两个人，分别是卡尔和约翰。

有一天早上，卡尔路经卢卡斯的公司，提到了他们一项专为公司主管人员新设立的人寿保险。他认为这项业务或许能够引起卢卡斯的兴趣，所以先过来告诉卢卡斯，等他收集更多资料后再过来详细说明。

同一天，在休息时间喝完咖啡后，约翰在街上碰到了卢卡斯，便叫道："嗨，卢克，有个大消息要告诉你们。"他跑过来，很兴奋地谈到公司新创了一项专为主管人员设立的人寿保险（正是卡尔提到的那种），他给了一些重要资料，并且说："这项保险是最新的，我要请总公司明天派人来详细说明。请你们先在申请单上签名，我送上去，好让他们赶紧办理。"

他的热心引起了卢卡斯和朋友们的兴趣，虽然他们暂时对这个新办法的详细情形还不甚明了，但他们都觉得约翰懂得站在对方角度思考问题，更相信约翰必定对这项保险有最基本的了解。最终，约翰不仅把保险卖给了他们，还让卖出的项目多了两倍。

这生意本是卡尔的，但最终却被约翰抢到了，主要原因是卡尔表现得还不足以引起卢卡斯等人的关注。不要去批评约翰的行为，因为无论是从客户、公司还是个人的角度，他做得都比卡尔要好。

在沟通的过程中，不要总想着自己要什么，要首先知道对方要的是什么。我们不妨先将自己的目的抛开，让对方看到自己能够从中得到什么好处。正如那句名言："要首先引起别人的渴望。凡能这么做的人，世人必与他在一起。这种人永不寂寞。"[1]

🌿 人际关系箴言 🌿

当你了解了对方的真实需求后，就从对方的需求出发，告诉他们如何才能满足自己的需求，而你就是来帮助他们的。这样交际没有不成功的。

---

[1] 戴尔·卡耐基.人性的弱点[M].李晨曦，译.上海：上海三联出版社，2009.

用温柔和善的态度赢得人心

如果一个人因为与你不和，那么你用任何办法都不能使他信服于你；如果一个人不愿改变他的想法，那么即使你勉强或迫使他也是徒劳无功。但如果我们温柔友善——非常温柔，非常友善——我们就能引导他们和我们走向一致。

大约在100年前，林肯就曾对此发表过自己的看法，他如是说：

"一句古老的格言说：'一滴蜂蜜比一加仑胆汁能捕捉到更多的苍蝇。'对人也是这样。如果你要让别人同意你的观点，你就要先使他相信你是他真正的朋友。这就犹如一滴蜂蜜，用一滴蜂蜜赢得了他的心，那么，你就能使他走在理智的大道上。"

做人之道贵在柔善，柔善者人愿与其善，那么再困难的问题也能"软着陆"。

我曾读过一则关于太阳与风的寓言：

风和太阳争论谁更强劲有力。

风说："我可以证明我更加强大。你看见那边那个穿大衣的老人了吗？我敢打赌，我能比你更快地使他脱去他的大衣。"

太阳摇头不语，微笑着躲到了云朵后边。

风开始刮起来，越来越大，几乎刮成一场飓风，但它刮得越厉害，那老人越是将大衣裹得紧紧的。

最后，风筋疲力尽地放弃了，平静下来。

接着，太阳从云朵后钻了出来，对老人温柔和善地"微笑"。过了一会儿，老人开始擦拭额头上的汗滴，脱下了他的大衣。

太阳告诉风："温柔和友善永远要比愤怒和暴力更强劲有力。"

一位交际界的知名女士——长岛沙滩花园城的戴尔夫人的故事证实了这则寓言真理。她是我班上的一名学员。下边就是戴尔夫人在班上所叙述的故事：

我最近请了几位朋友共进午餐，对我来说，这是一个非常重要的聚会。因此我当然希望事事顺利，宾主尽欢。我的管家艾米平时在这类事情上是我的得力助手，但是她这次却让我失望至极。午餐搞砸了。根本看不到艾米的人影，她只派了一个侍者来服侍我们。但这个侍者对高级招待全然不懂，做出来的肉又粗又老，马铃薯也是油腻腻的；服侍过程中更是错漏百出。有一次他竟然用一个很大的盘子给一位客人端了一小块芹菜。总之，我非常恼火，情绪坏透了。午餐当中，我一直强装笑脸，但我不断地对自己说："等我见了艾米，一定饶不了她。"

这是星期三发生的事。第二天,我听了一场关于人际关系的演讲课。之后,我意识到,即使责骂艾米一顿也是无济于事的,那反而会使她变得不高兴而对我怀恨在心,并且将来再也不愿帮助我了。于是我尽可能地从她的立场来看此事:菜不是她买的,也不是她做的,她的手下笨拙,她也没有办法;或许我平时过于严厉,容易发火。所以我决定不批评她,而改用柔善的态度与她沟通。我决定用赞赏来做开场白——这种方法非常见效。次日,我见到了艾米。她似乎早就有所准备,正严阵以待想与我大吵一场。我说:"啊,艾米,我想让你知道,当我款待客人时,如果你能为我服务,将会对我大有帮助。你可是纽约最好的管家。当然,我完全了解你没有买那些菜,也没有烧那些食物。至于星期三发生的事,你是无法控制的!"

于是,一切嫌隙烟消云散了。艾米微笑着说道:"是的,夫人。问题错在厨师。那不是我的错。"

我接着说:"我已经安排好了下一次的聚会。艾米,我需要你的建议。你是否认为我们应该再给厨师一次机会呢?"

"哦,当然,夫人,一定要这样。上次那样的事永远不会再发生了。"

下一星期,我又请了客人吃午餐。艾米和我一同设计好了菜单。她主动提出只收取一半的服务费,而我也不再提起她过去的错误。

当我和我的客人们来到宴会厅时,餐桌上摆放着两束鲜艳的美国玫瑰。这次午餐由四位侍者服务,食物醇美无比。艾米亲自在场照应。她殷勤周到,服务热情,做得尽善尽美,即使是宴请玛丽皇后，也不过如此。宴会快结束时，艾米亲自端上了可口的水果作为甜点。

吃完午餐，在我们临走的时候，我的客人问道："你对那个管家施了什么魔法吗？我可从未见过这样完美的服务，也从未见过这样殷勤的招待。"

"她说得的确不错，我对她施了友善待人和真诚赞赏的法术。"戴尔夫人如是说。

如果一个人能够意识到温柔和善的态度能够更好地改善人际关系，那么他在日常言行中也会表现得温柔和善。强暴粗鲁的态度永远不可能赢得好人缘，只有柔善的态度才能征服别人的内心。

无论是狂风暴雨还是艳阳高照，无论是沧海巨变还是命运逆转，态度柔善的人永远都是平静沉着、温柔友善的，宛如烈日下一棵浓荫片片的树，或是暴风雨中抵挡风雨的岩石。也正因如此，他总是受到人们的爱戴和尊敬。试问，又有谁会不爱一个心灵柔善、温和敦厚的生命呢？

人际关系箴言

如果一个人能够意识到温柔和善的态度能够更好地改善人际关系，那么他在日常言行中也会表现得温柔和善。强暴粗鲁的态度永远不可能赢得好人缘，只有柔善的态度才能征服别人的内心。

多给对方支持和鼓励

我有一个朋友,虽然他已经40岁了,但是还没有结婚。就在不久前,我收到了他的订婚请柬。他的未婚妻鼓励他学习跳舞,这对他来说是有困难的。他告诉我他学习跳舞时的情景:"我一点儿也不知道我为什么学习跳舞。现在我跳起舞来,和20年前开始学习跳舞时的情况一样,我需要从头学起。我聘请的第一位老师,对我说了真话,他说我的舞步完全不正确,我需要从头学起。这种状况让我很沮丧。我不想再继续下去,所以我就辞掉了她。

"我又聘请了另一位老师。第二位老师并没有说实话,但是我听了却很高兴。她有些冷漠地对我说:'你舞步跳起来有点旧式,但基本步子掌握得还是很好的。如果勤加练习,你一定能学会几种流行的新舞步。'

"在我看来,第一位老师,虽然说的是实话,却打消了我学习舞蹈的积极性。第二位老师却恰恰相反。她不断地称赞我、指点我,我自然而然地就减少了舞步上的错误。

"她非常肯定地对我说:'你本该是一位天才的舞蹈家,你有一种很自然的韵律感,这会让你不自觉地跟着旋律翩翩起舞。'不过,我知道自己的水平,只是一位四流的舞蹈者。但是她的一番话在我的心里掀起了不小的波澜。我想或许她说的是真的。是的，或许是，我付了学费，才使得她说出了那样的话。但不管是不是真的，我现在所跳的舞步，比她没说我有一种很自然的韵律感之前，跳得好多了。我很感谢她，因为她的那句话给了我希望，让我不断地进步，使我自己愿意付出努力去改进。"

1922年，加利福尼亚有一个年轻人，他贫穷到无法照顾自己的妻子，无法给她物质上的任何帮助。一贫如洗的他去教会的唱诗班卖唱。偶尔，他也去别人的婚礼上唱上一首歌，来赚些钱养家糊口。他的生活贫困极了，他没有能力在市里找到房子住，只能够在乡下的一个葡萄园中，租一间最为廉价的破旧的房子，租这间房子只需12.5美金。

虽然租金已经足够便宜了，但他还是没有能力负担。这使他拖欠房东房租长达10个月之久。所以他只能靠给房东摘葡萄来偿还租金。后来他告诉我，他有时穷得只能靠吃葡萄来填饱肚子。

他几乎要放弃唱歌这个爱好了，他甚至认为没有人喜欢听他唱歌，他唱得一定非常难听，所以才会一直为贫困所困扰。因而，他找了一份推销载重汽车的工作。就在这个时候，他的朋友休士对他说："你的嗓音很好，你很有前途，你应该到大的地方去学习唱歌才会有更好的发展。"

这个年轻人就是席贝得。就是这样的称赞，使得他在内心不断地肯定自己，没有中断对音乐的追求。这样的称赞使得他的人生有了一次翻盘的机会，从此踏上了成功的道路。甚至连他去纽约的路费，都是他从朋友那里借来的。

就是他的朋友给了他一个肯定的称赞，才使得他愿意在追求音乐的道路上越走越远。

告诉你的孩子、你的丈夫或者你的员工，用近乎最严厉的口吻说，他在某件事情上犯了一个多么幼稚、愚蠢的错误，他所做的都是完全不对的。这种行为是非常不近人情和简单粗暴的。这种行为也会破坏对方想要努力上进、努力想要做到更好的情绪。如果我们能够运用一点技巧，多给对方鼓励和夸奖，或许能够使他们鼓足勇气激发他们的潜能，这对于你来说是百利而无一害的。因为只要对方知道你对他有信心，那他就会付出最大的努力，用全部的力气去争取成功。

人类关系学家和伟大的艺术家汤姆士就会运用这种方法。他能够成全你，会给你不断地注入信心，用他的勇气和信任使你获得鼓励。

在不久之前的一个周末，我和汤姆士夫妇度过了一个愉快的夜晚。他们夫妇邀请我到他们家中做客，并且约我一起玩"桥牌"。我根本对"桥牌"一窍不通。玩这个游戏，在我心中认为是极其困难的。"不，不，我不会玩。"我只能这样说了。

汤姆士说："戴尔，这个游戏很简单。在玩的时候，只需要一点记忆和判断就行了，根本不需要其他技能。你曾写过一篇关于记忆方面的文章你忘了吗？所以玩'桥牌'对你来说是十分简单的。这是一个极容易就学会的游戏。"

那是我有生以来第一次玩"桥牌"。是因为汤姆士让我相信自己有玩这个游戏的天赋，让我觉得打"桥牌"对于我来说并不十分难。

我不禁想起了杰克逊，凡是会玩"桥牌"的人，几乎没有人不知道杰克逊。他著有关于"桥牌"的书籍，被译成了18种语言销往世界各地，发行的数量不下100万册。有一次，他对我说："如果不是一个少妇告诉他，他有玩'桥牌'的天赋，他一定不会以玩'桥牌'游戏为职业。"

1992年，他刚刚来到美国的时候，想找到一份教哲学或是社会学的工作，但是他等了很久，却迟迟没有消息。

后来只能去给别人推销煤，结果可想而知，他失败了。他又去给人家推销咖啡，也是毫无成绩。

在那个时候，他从未想过自己有一天能够靠教别人玩"桥牌"谋生。在我的印象中，一开始他不仅不是一个精于玩"桥牌"的人，而且性格格外固执。他常常有很多问题去问对方，所以谁都不愿意和他在一起玩。

后来，他遇见了美丽的狄伦女士，他们一见钟情，并且很快就步入了婚姻的殿堂。婚后，他们总是在一起玩"桥牌"，而细心的妻子发现丈夫总是很认真地分析手中的牌。于是才有了妻子对丈夫说的"你很有玩'桥牌'的天赋"这句话。正是因为妻子那句鼓励的话，才成就了今天的杰克逊。

人际关系箴言

如果我们能够运用一点技巧,多给对方鼓励和夸奖,或许能够使他们鼓足勇气激发他们的潜能,这对于你来说是百利而无一害的。

第四章

学会分享与合作

——确保友好往来的6个心灵秘法

永远不要心存报复

耶稣说：爱你的仇人。即使我们没有办法去爱我们的仇人，最起码也应该多爱自己一点，我们不应该让仇人控制我们的心情、健康和容颜。

当我们对敌人心存仇恨时，就是赋予对方更大的力量来压倒自己，给他机会控制我们的胃口、血压、睡眠和健康，甚至心情。如果敌人知道会给对方带来那么多的烦恼，他一定高兴极了。因为憎恨伤不了对方一根毫毛，却把自己的日子弄成了炼狱。

瑞典的乌普萨拉有一位名叫约翰·罗纳的先生在维也纳从事律师工作。第二次世界大战前他回到了瑞典。当时他身无分文，急需找到一份工作。他能说好几种语言，所以他想找个进出口公司担任文书。

大多数公司都回信说由于战争的缘故，他们目前不需要这种服务，但他们会保留他的资料，等等。其中有一个人却回信给罗纳，说他对那家公司的想象完全是错误的，他们根本不需要文书。即使真聘用，也不选一个像他那样连瑞典文字都写不好的人。

罗纳收到回信时非常气愤。这个瑞典人竟然敢说他不懂瑞典话。他自己的回信才是错误百出。于是罗纳写了一封足够气死对方的信。刚要寄出,他马上想到自己虽学过瑞典文,但它并非自己的母语。也许真是自己犯了错误,若真是这样,自己应该加强学习才行。这个人可能还帮助了自己,虽然他表达得很糟糕。于是罗纳撕毁了那封信,决定再写一封感谢信。信的内容是这样的:

你们根本不需要文书,还给我回信,真是太好了。信中还说我对贵公司判断错误,实在抱歉。写那封信是因为当时有人告诉自己这家公司是这一行业的领袖。我不知道自己犯了文法上的错误,很惭愧。但我会更努力学习瑞典文,减少错误,并且感谢。

几天后,罗纳收到了回信,对方请他去办公室见面。罗纳如约前往,最终他得到了这份工作,罗纳找到了一种方法:以柔和驱除愤怒。

有人问艾森豪威尔将军的儿子,他父亲是否怀恨敌人。他回答,他父亲从不浪费一分钟去想那些他不喜欢的人。有一句话说,不能生气的人是傻瓜,不会生气的人才是智者。前纽约市长威廉·盖伦就以此作为他从政的原则。他曾遭枪击,险些丧命。当他躺在床上挣扎求生时,他说自己每晚睡觉前,必原谅所有的人和事。

德国哲学家叔本华在他的《悲观论》中,把生命比作痛苦的旅程,即使处在绝望的深渊中,他仍说,如果可能,任何人都不应心怀仇恨。

加拿大的某个国家公园里有一座风景秀丽的山峰,这座山是以1915年10月12日在德军阵营中殉难的英国护士艾迪丝·科卫尔的名字命名的。她当时在比利时的家中收留照顾了一些受伤的法军与美军，并协助他们逃往荷兰。

在她即将行刑的那天早上，军中的英国牧师到她被监禁的布鲁塞尔军营中看她，她说自己到现在才明白，光有爱国热情是不够的，她不应该怨恨任何人。

1918年，密西西比州有一位黑人教师兼传教士琼斯即将被处以死刑。当时正值第一次世界大战期间，密西西比州中有传言说，德军将策动黑人政变。琼斯被判策划叛乱罪，并将被处以死刑。

当时，一群白人在教堂外听到琼斯在教堂内说：生命是一场搏斗，黑人们应拿起武器，为争取生存和成功而战。

这些白人青年听到了"战斗、武器"，激动地冲入教堂，将绳索套在琼斯的脖子上，把他拖了一英里远，推上绞刑台，燃起木柴，准备绞死他。这时有人叫道：让他说话。于是琼斯站在绞刑台上，脖子套着绳索，开始谈他的人生与理想。他1907年从爱达荷大学毕业。毕业时，有人请他加入旅馆业、有人愿资助他接受音乐教育，都被他拒绝了。因为他热衷于一个理想，他受到布克·华盛顿的影响，立志去教育他贫困的同胞兄弟。于是，他前往美国南方找到了一个最落后的地方，也就是密西西比州的一个偏僻地区，把自己的手表当了165美元，就在野外开始办学校。

琼斯面对这些准备处死他的愤怒人群，诉说自己如何奋斗、为教育那些失学的孩子，想将他们培养成有用的农民、工人、厨师和管家。他也告诉这些白人，在他兴办学校的过程中，一些白人曾送他土地、木材、猪、牛、羊，还有钱，协助他完成教育工作。

当听到琼斯如此真诚动人的话语，特别是他不为自己求情，只为自己的使命请求时，暴民们开始心软了。最后几个老人说，他们相信他说的都是真的，他是在做善事，他们应该帮助他，而不应处死他，而且老人们还在人群中为他募捐了52美元，以献给他的教育工作。

事后曾有人问琼斯，他是不是非常怨恨那些准备绞死他的人。他的回答是，他当时忙着诉说比自己的性命更重要的事，以至无暇憎恨。琼斯兴办的学校，现在已经成为一所全美著名的学校。

从赫德的《林肯传》中可以看出，林肯从不依自己的好恶去判断人。他总是认为他的敌人也像任何人一样能干。如果有人得罪他或对他不逊，但若是最合适的人，林肯还会请他担任该职位，就像对朋友一样，毫不犹豫。

林肯曾给侮辱过他的人委任相当高的职位，像麦克隆、施瓦特、史丹顿以及莱斯。按赫德的说法，林肯相信，没有人应因其作为而受到赞扬或责难，因为我们每个人都受到教育的条件及环境所影响，所形成的习惯和特征造就了自己的目前及未来。

林肯也许是对的。如果每个人都像自己的敌人一样承袭了同样的生理、心理及情绪的特征，如果每个人的人生也完全一样，那可能会做出跟敌人完全一样的事。因此，与其恨自己的敌人，还不如让我们怜悯他们；与其诅咒报复敌人，还不如给他们以谅解、同情、援助、宽容以及为他们祈祷。

❀ 人际关系箴言 ❀

当我们对敌人心存仇恨时，就是赋予对方更大的力量来压倒自己，给他机会控制我们的胃口、血压、睡眠和健康，甚至心情。

远离自私的泥潭

生活是很简单的,但是,由于人的自私,生活变得复杂起来。有了自己的孤独,也增加了别人的痛苦,自己不知道是怎么回事,还会无辜地问别人:"你们为什么总躲我呢?"

这种人在生活中从不顾及他人的感受,只图自己高兴,甚至根本无法意识到自己伤害了他人。他们不懂别人的感受、不理解别人的心,他们只会为自己的欲望而不管不顾,一味去拿别人的痛苦换自己的幸福!

自私是天性,潜藏在每个人的内心深处,在我们的成长过程中,我们应懂得要不断地克服自私这个毛病,渐渐地使自己变得慷慨大方。但是,有些人不但不克服,反而让自私越发变本加厉。眼中除了自己,再也容不下其他任何人。

自私的人总是认为自己最重要,只有自己的东西才是来之不易,所以他们对自己和自己所拥有的东西格外珍惜。要想让他们付出,哪怕是一点点,他们都会觉得难以忍受,他们根本体会不到分享的快乐。这种唯我独尊的生活会给他们带来自己想要的一切吗?这样的人快乐吗?

有一位富人，他拥有的财富很多，可是却特别自私，好东西全都留着自己用，对自己的妻子、儿女很苛刻，对别人更是吝啬。他从来不向别人吐露他的心事，无论是苦还是乐，他都是一个人独自感受着。时间久了，大家都不愿和他多说一句话，并且慢慢疏远了他。可是，他的年龄越来越大了，他开始觉得自己很孤独、很不快乐。他想得到亲人的关心、朋友的亲近，但他却发现别人都不愿靠近他，甚至躲着他。

在一个大雪纷飞的夜晚，当他的家人都在谈笑风生的时候，他独自在外徘徊，他来到悬崖边想一死了之，却被一个流浪汉拦了下来，流浪汉问他为何想不开，是子女不孝，还是无依无靠，他说不是。流浪汉又问了他许多问题，可他一直都在摇头。

最后，他忍不住哭了，并把大家对他的态度告诉了流浪汉，流浪汉在倾听的过程中也找到了原因。于是，流浪汉问："你现在的心情如何？"富人停止了抽泣，说："心情好像舒畅了一些。"

流浪汉接着说："你的心情好了一点儿，是因为你让我分享了你的苦恼，既然和我分享能让你快乐，那为什么不和你的亲人分享呢？如果你愿意分享你的快乐、你的财富，也包括你的烦恼，你会找回你的快乐。你先前的不快乐和被大家疏远，是因为你把一切都看得太严、太紧，你太自私，不愿让别人与你分享。所以，你就把自己推到了一个死角，由于你的自私，你的世界越来越小，你感到越来越窒息。你要想不再孤独，就必须告别自私，学会分享。"

听完这番话，富人若有所思，他谢过流浪汉回家了。从那以后，他一改往日的吝啬和自私，慢慢地，大家终于接受了他，他的世界也变得宽阔起来，充满了欢声笑语。

自私的人一旦面临自己的利益与别人发生冲突时，会通过各种方式来满足自己的利益，即使察觉到了自己的行为可能会损害别人的利益，也仍然会为自己的利益不择手段。

这些人也许会得到一时的满足，但最终的结果都并非他们想要的。自私的人只会打自己的那一个小算盘，他的眼里只有索取，不会有任何付出。想一想吧，小算盘怎能算大账呢？不付出怎会有更大的收获呢？

我的邻居杰姆是一个探险者，他曾经从远方带回了一种非常名贵的花卉，他想通过自己的培育，过几年可以大赚一笔。杰姆精心呵护这些名贵的花卉，每日浇水施肥从不敢怠慢。不久，他得到名贵花卉的消息被传开了，许多亲戚朋友都来向他要花卉的种子，原本慷慨大方的杰姆却一粒也舍不得给。他计划通过三年繁育，就可以拥有上万株了，到时候再开始出售和馈赠。

第二年的春天，杰姆种的花都开了，他的花园里姹紫嫣红，尤其是那些名贵花卉开得格外漂亮。再到下一年的春天，这些名贵的花卉已经有几千株了，但让他忧心的是花没有去年开得好，花朵不但小了，颜色也不纯了，有了一些杂色。又过了一年，花已经繁殖了上万株，但杰姆却更加忧心了，所有的花朵都变得更小了，颜色也更差了，完全没有了它原本的雍容华贵。当然，他也没能靠这些名贵的花卉大赚一笔。

在原产地这些花大面积地生长，年复一年地种植，也没出现这种情况，这些花到底是怎么回事呢？他百思不得其解，便请来一位园艺师。园艺师来到他的花园看了看，便问："隔壁是否种植这种花？"他摇摇头说："这里除了我没有人有这种花。"园艺师沉吟了半天说："我知道原因了，尽管你的整个花园种满这种名贵之花，但在你附近的花园里却种植着其他花卉，你这种名贵的花卉在传粉的过程中，被附近花园的花粉污染了，所以你的花才会开得一年不如一年。"

杰姆问园艺师该怎么办，园艺师说："谁能阻挡风呢？要想使你的花依旧名贵，只有让你附近的花园全都种上这种花。"听完后杰姆很惭愧，于是他就把名贵之花的种子分给了自己的邻里亲朋，第二年春暖花开的时候，整个村子的花园几乎成了花的海洋，色彩绚丽，雍容华贵。杰姆真的大赚了一笔，当然，那些喜欢花卉的邻居也跟着杰姆一起都发了财。

人生有太多的东西需要分享，只有分享才能获得更多，只有分享才会有快乐。自私的人很难与别人建立一种亲密的关系，一颗自私之心只会把他们领进失败者的队伍中。特别是在当今社会，没有合作很难成就一番事业，更谈不上有较大的成功。

利己也利他，做到双赢才能把事情做成功。分享能让我们的胸怀变得更加宽广，使我们的生活更加精彩。这是自私者永远也体会不到的快乐。赶快告别自私吧，成功和快乐会回到我们身边。

人际关系箴言

自私的人很难与别人建立一种亲密的关系,一颗自私之心只会把他们领进失败者的队伍中。特别是在当今社会,没有合作很难成就一番事业,更谈不上有较大的成功。

如欲采蜜，勿踢蜂房

我常听到有人抱怨，曾经遭受了多大的不幸，别人对待他的行为是多么过分。每当听到这样的话，我就会忍不住对他说："你可以试着站在对方的立场上想一想这件事情，也许会有不一样的收获。"

当你要求别人做某些事情的时候，不妨弄清楚对方的真实需求是什么，然后围绕这一诉求，用一种委婉的方式提出自己的要求。比如，当孩子想要吸烟，你无须大声地呵斥，只需告诉他们，如果吸烟就无法参加棒球队，问题就会迎刃而解。不管我们需要应对的是一个孩子，还是一只动物，这都是值得注意的事情。

从一个人呱呱坠地的那一刻开始，他所做的一切事情，说的每一句话，每一个微笑的举动，都是从自身的需求出发，都是为了自己。哈雷·欧佛斯托教授说过：行动是由人类的基本欲望产生的。如果你想说服别人，最好的建议是想方设法激发他们内心的迫切需要。如果能做到这一点，那么整个世界都将掌握在你的手中。

在课堂上，我曾为学生们讲过一个犯罪的事例：

1931年5月7日，纽约市民看到了一桩从未见到过、骇人听闻的围捕。150名警方治安人员，把克劳德包围在公寓顶层的藏身处。克劳德被捕后，警察总监罗南指出：这名暴徒是纽约治安史上最危险的一个罪犯。他又说："克劳德杀人，就像切葱一样，他将会被判处死刑。"

然而，当警方围击他藏身的公寓时，克劳德写了一封公开信："在我的衣服里，是一颗疲惫的心——那是仁慈的，一颗不愿意伤害任何人的心。"

事实上，克劳德的罪行是不可原谅的。他把汽车停在长岛公路的路边，和一位女士调情。后来，警察走近并对他说："让我看看你的驾驶执照。"他朝警察连开了数枪，直到警察倒在地上，他还不罢休，从车里跳了出来，捡起警察的手枪，又向地上的尸体开了一枪。这就是他所说的"在我的衣服里，是一颗疲惫的心——那是仁慈的，一颗不愿意伤害任何人的心"。

最后，克劳德被判死刑，临死前他仍然没有觉得自己做错了事情："我是因为保卫自己，才这样做的。"

克劳德之所以会落到这种下场，根本原因在于他从不反思自己，总是为个人行为找推脱的借口，这种思维方式让他变得不可理喻，成为人民公敌。

实际上，这种态度在罪犯中是很常见的。被誉为"美国第一号公敌"的卡邦曾说："我将一生中最好的岁月给了人们，使他们幸福愉快，并过着舒服的日子，而我所得到的只有侮辱，甚至还被逮捕。"罪犯从不认为自己错了，他们会为自己的罪行找到各种各样的理由进行开脱，最终无论他们抢劫、盗窃，还是杀人，原因都是别人不理解自己。

在这个世上，大多数人都不认为自己错了，无论他们犯多大的错误，都不会责备自己。所以很多时候，责备别人是一件非常愚蠢的事情，最终只是以一种非常愚蠢的方法造成了双方的矛盾。你如果真的想要解决问题，那就站在对方的立场上沟通，从对方的利益出发才能够被认可。

我常以林肯总统的事例来劝诫学生们："美国内战的时候，林肯屡次委派新将领统率'波托麦克'军，但是这些人没有一个能够取得胜利，全都遭遇了惨败。当全国半数以上的人都在指责这些失职的将领时，林肯却仍旧保持着平和的态度。他最喜欢的一句格言是'不要评议他人，免得为他人所评议'。"

内战期间，南北双方的关系势如水火，当林肯的妻子和一些人用刻薄、侮辱的语言谈论南方人时，林肯总是这样对她说："不要批评他们，在相同的情形下，我们也会像他们那样做。"当双方处于敌对、战争状态时，林肯总统还能够豁达地为敌人开脱，其胸襟无疑让人钦佩。

我们或许没有林肯总统那样宽广的胸襟，但是可以以林肯总统为榜样。罗斯福总统曾说，当他担任总统，遇到难以解决的问题时，他会靠在座椅上，仰起头，望向墙壁上那幅林肯画像。然后，这样问自己："如果林肯处在我这种情况下，他将会怎么做，他会如何解决这个问题？"所以当你想要批评别人时，不妨想一想林肯总统，如果是总统先生碰到这样的事情，他会不会批评对方呢？

每个人都希望别人为自己而改变、调整，那么你愿意为了别人而改变吗？我相信大部分人都会拒绝改变自己，因为他们认为自己并没有做错事情，他们有自己的立场，错的是别人。但是我要告诫大家，从个人的立场来说，从自己开始要比改进别人更能让你获益。

你我经历的事情不同，所处的环境和立场也不一样，所以与他人交往时，首先要站在对方的角度，让你们处在相同的立场，这样才能够拉近彼此之间的距离。一味争吵并不是解决问题的方法。

批评、责备和抱怨是一个愚蠢的人才会有的行为，这是最笨的处事方法，批评永远都不是解决问题的好方法。要想成为一个伟大、完美的人，那就需要完善你的人格，克制自己，这首先要学会宽恕和理解。

卡莱尔说过："要显示一个伟大人物的伟大之处，那就要看他如何对待一个卑微的人。"约翰博士则这样说："上帝在末日之前，还不打算审判人！"这些伟人都不认为自己拥有批评别人的权力，那平凡的我们又怎能轻易地批评别人呢？因此，与人沟通不要带上批评，学会谅解和宽容才会让自己更受欢迎。

人际关系箴言

从个人的立场来说，从自己开始要比改进别人更能让你获益……要站在对方的角度，让你们处在相同的立场，这样才能够拉近彼此之间的距离。

施恩要在感恩前

忘记感谢乃是人的天性，如果我们一直期待别人的感恩，多半是自寻烦恼。

我最近碰到一个义愤填膺的人，事先有人跟我说我碰到他15分钟内就一定会谈起那件事。果然如此。令他气愤的事发生在11个月前，可是他还是一提起就生气。他简直不能谈别的事。他为34位员工发出了1万美元圣诞节奖金——每人差不多300美元——结果没有一个人感谢他。他抱怨说："我很遗憾，我居然发给他们奖金。"

"一个愤怒的人，浑身都是毒。"我衷心同情面前这位浑身毒的人。他有60岁了。保险公司统计我们的平均寿命是目前年龄与80岁之间差数的三分之二。这位仁兄——如果他够幸运——还有十四五年可活。结果他浪费了有限余年中的将近一整年，为过去的事愤恨不平。我实在同情他。

除了愤恨与自怜，他大可自问为什么人家不感激他。有没有可能是因为待遇太低，或是员工认为圣诞奖金是他们应得的部分。也许他自己是个挑剔又不知感恩的人，以至别人不敢也不想去感谢他。或许大家觉得反正大部分利润都要缴税，不如当成奖金。

不过反过来说，也可能员工真的是自私、卑鄙、没有礼貌。也许是这样，也许是那样。我也不会比你更了解整个状况，我倒是知道英国约翰生博士说过："感恩是极有教养的产物，你不可能从一般人身上得到。"我的重点是：他指望别人感恩乃是一项一般性的错误，他实在不解人性。如果你救了一个人的性命，你会期望他感恩吗？你可能会。

塞缪尔·列勃维治在他当法官前曾是有名的刑事律师，曾拯救过78个罪犯免上电椅，你猜猜看其中有多少人曾登门道谢，或至少寄个圣诞卡来？我想你猜对了——一个都没有。

耶稣在一个下午使10个瘫子起立行走——但是有几个人回来感谢他呢？只有1个。耶稣环顾门徒问道："其他九个呢？"他们全跑了，谢也不谢就跑得无影无踪！那我来问问大家：我这样平凡的人给了人一点小恩惠，凭什么就希望得到比耶稣更多的感恩？

如果跟钱有关，那就更没指望了！杰克·舒瓦伯告诉我，他曾帮助过一位银行出纳员，这个银行出纳员挪用银行基金去做股票而造成亏损，舒瓦伯帮他补足金额以免吃上官司，这个出纳员是否感谢他呢？是感谢他，但只是一阵子，后来他就开始跟这位曾经帮助他脱离牢狱之灾的人作对。

你如果送你亲戚100万美元，他应该会感谢你吧？安德鲁·卡耐基就资助过他的亲戚，不过如果安德鲁·卡耐基重新活过来，说不定会很震惊地发现这位亲戚正在诅咒他！为什么？因为卡耐基遗留了3亿多美元的慈善基金——但他的那位亲戚只继承了100万美元。罗马有一位有智慧的帝王莫库兹·阿力留斯，有一天他在日记中写道:"我今天会碰到多言的人、自私的人、以自我为中心的人、忘恩负义的人。我不必惊讶或困扰,因为我还想象不出一个没有这些人存在的世界,会是一个什么样的世界。"他说的不是很有道理嘛!我们天天抱怨别人不会知恩图报,到底该怪谁?

不要再指望别人感恩了。如果我们偶尔得到别人的感激,就会是一件惊喜。如果没有,那也不必难过。如果我们一直期望别人感恩,多半是自寻烦恼。我认识一位住在纽约的妇女,整天抱怨自己孤独。没有一个亲戚愿意接近她,而如果有人看望她,她会花几个钟头喋喋不休地告诉你,她侄儿小的时候,她是怎么照顾他的。他们得了麻疹、腮腺炎、百日咳,都是她照看的,他们跟她住了许多年,还资助一位侄子读完商业学校,直到他结婚前,他们都住在她家。

这些侄子回来看望她吗?哦!有的!有时候!完全是因为义务性的。他们都怕回去看她,因为想到要坐几小时听那些老调、无休无止的埋怨与自怜。后来,她发现即使威逼利诱也没法让她的侄子们回来看她,她就使出最后一个绝招——心脏病发作。这心脏病是装出来的吗?当然不是,医生也说她的心脏相当神经质,常常心悸。可是医生也束手无策,认为她的问题是坏情绪所致。这位妇人要的是别人的感恩,可惜她大概永远也得不到。

为人父母者怨恨子女不知感恩。即使莎士比亚戏剧中的主人翁李尔王也不禁喊道:"不知感恩的子女比毒蛇的利齿更痛噬人心。"可是如果我们不教育他们,为人子女者怎么会知道感恩呢?

忘恩原是天性,它像随地生长的杂草。感恩则犹如玫瑰,需要细心栽培及爱心的滋润。如果子女们不知感恩,应该怪谁?也许该怪的就是我们自己。如果我们从来不教导他们向别人表示感谢，怎么能期望他们来感谢我们？

我认识一位住在芝加哥的朋友，他在一家纸盒工厂工作得很辛苦，周薪不过40美元。他娶了一位寡妇，她说服他向别人借了钱送她前夫的两个儿子上大学。他的周薪得用来支付食物、房租、燃料、衣服及缴付欠款。他像苦力一样苦干了四年，而且从不埋怨。有人感谢他吗？没有，他太太认为那是理所当然的，那两个儿子当然也是一样。他们一点儿也不觉得对这位继父有任何亏欠，即使只是道谢一声。

怪谁呢？这两个儿子吗？也许！可是这位母亲不是更不对吗？她认为这两个年轻的生命不应该有这种负担，她不要她的儿子由"负债"开始他们的人生。因此她从没想到要说："你们的继父资助你们念大学，多好的人啊！"相反，她的态度却是，"嗯！那是他起码该做到的"。

她以为没有加给他们任何负担，可是实际上，她让他们产生了一种危险的想法，认为这个世界有义务让他们活下去。果然后来，有一个男孩想向老板"借"点钱，结果身入囹圄。

我们一定得记住，孩子的所作所为是我们造就的。举例来说，我姨母从来不抱怨儿女不知感恩。我小的时候，姨母把她母亲接去照料，同时也照料她的婆婆。我现在仍记得两位老人家坐在壁炉前的情景。她们有没有麻烦我姨母？我想一定很不少，不过你从她的态度上一点儿也看不出来。她真的爱她们，对她们嘘寒问暖，让她们感觉到家的温暖。而她自己还有六个子女，但她从不觉得自己做了什么伟大的事。对她来说，这一切只不过是再自然不过的事，是正确的事，也是她愿意做的事。

我这位姨母已经孀居了二十几年，她的六个成年子女都欢迎她，希望她到他们家去一起住。她的子女们对她钟爱极了，从不觉得厌烦。是出于"感恩"吗？当然不是！这是真正的爱！这几个子女由孩童时代就生活在慈善的气氛中。现在需要照顾的是他们的妈妈，他们回报同样的爱，不是再自然不过了吗？

我们不要忘了，要想有感恩的子女，只有自己先成为感恩的人。我们的所言所行都越发重要。在孩子面前，千万不要诋毁别人的善意，也千万别说："看看表妹送的圣诞礼物，都是她自己做的，连一美元也舍不得花！"这种反应对我们可能是件小事，但是孩子们却听进去了。因此，我们最好这么说："表妹准备这份圣诞礼物，一定花了她不少时间！她真好！我们得写信谢谢她。"

这样，我们的子女在无意中也养成学会赞赏感激的习惯了。爱不是一朝一夕之功，它需要持续不断地投入。有时，这看起来完全是毫无希望的，但越是这时候，越需要坚持。我们行善，不可丧志。若不灰心，到了时候，就有收成。

❀ 人际关系箴言 ❀

不要再指望别人感恩了。如果我们偶尔得到别人的感激，就会是一件惊喜。如果没有，那也不必难过。如果我们一直期望别人感恩，多半是自寻烦恼。

努力为他人创造快乐

有人也许会说，都什么年代了，还助人为乐，我凭什么要帮助别人。帮助别人没有原因，也很简单，有时帮助只是一个手势、一句话、一个微笑……这些对你没有任何损失，也只是举手之劳。可是回报你的可能远远不止你所付出的，至少有别人的满怀感激。

在你帮助别人的同时，也证明了你存在的价值远远超过了你看到的，从而你会感到满足和快乐。因为当你帮助别人时，别人会对你心怀感激，也许你在帮助别人的时候，并没有想从他那里得到相应的回报，但是，就是这种无私的帮助常常能带给你意外的收获，同时，你的帮助在给别人带来快乐的同时，你自己也会感到前所未有的满足。

难道不是吗？这就是那些懂得帮助别人、懂得与人分享的人们生活得很开心的原因。

相反，那些心胸狭隘的自私者心里只有贪婪索取，他们根本不懂得分享的美好，他们每天只想着为了利益而争斗，使自己疲惫不堪，也让别人对他充满敌意和防备。这样的状态，怎么能快乐呢？

一个大雨滂沱的夜晚，社会学者维克多不小心陷进了沼泽地。四周没有一个人，维克多焦急万分，身子已经陷进去了，污泥马上就要到脖子了。如果不能及时离开这里，就必然会被沼泽吞噬。他拼命地呼救，这时，一个骑马的年轻人刚好路过，二话没说就用绳子将维克多拉了出来，并把他带到了小镇上。

当维克多拿出钱对这个年轻人表示感谢时，年轻人摇头说："这不是我要的回报，只要你给我一个承诺，当看到别人有难的时，竭尽全力去帮助他。"

在后来的日子里，维克多帮助了许多人，并且将骑马的年轻人对他的要求告诉了他所帮助的每一个人。

很多年后，维克多因轮船失事，被海水冲到了一个小岛上，一名男子帮助了他。当他要感谢这名男子的时候，男子竟说出了那句维克多说过很多次的话："我不要任何回报，只要给我一个承诺……"维克多的心里顿时涌上了一股暖流。

生活中，我们不仅要学会感恩，还要学会在帮助别人之后，不求回报。你的举手之劳也许给别人带来的远不止这些，也许你的些许关爱会让他人不再孤独落泪，让我们的生活因你我的相互关爱而变得更加温馨，让你我的爱心传递变成一种习惯，这样我们的生活环境就会多了温情，少了不和谐。帮助别人不是一种责任，而是一种快乐。因为这能让你更加健康、更加快乐。因为你把手伸向别人的时候，就能体验到爱别人和为别人所爱的幸福。

20世纪美国最杰出的无神论者西多·德莱特，他把所有的宗教都看成神话。人生只是一个傻瓜说出的故事，没有任何意义，但是他却遵循耶稣所讲的一个道理，那就是帮助他人。德莱特说："如果每个人想在漫长的人生中享受幸福，就不能只想到自己，而应为他人着想。"

有一位学者已很多年没下床走路了，但许多媒体却高度评价他是最无私的人。很多长年卧床的人连自己的烦恼都无法化解，他又是如何成为一个无私的人的呢？答案就是，他一直遵循着"为他人服务"的信念，并努力去实践它。

他想尽办法，收集到了全国各地瘫痪病人的通信地址，他给他们写信，并通过信件鼓励他们、关心他们，激励他们勇敢地与病魔做斗争。他把这些病人组织起来，让大家相互写信鼓励。这位学者每年要在床上发出1400封信，给成千上万的病人带去了快乐和笑声。

这位学者与其他瘫痪在床的病人最大的不同之处在于他深切体会到真正的幸福，是在帮助他人当中获得的。萧伯纳说过："一个以自我为中心的人，一天到晚都在抱怨别人不能使他开心。"只有乐于助人，为他人带来笑声，你才能真正快乐。

海伦·凯勒说过：任何人出于他善良的心，说一句有益的话，发出一次愉快的笑，或者为别人铲平粗糙不平的路，这样的人都会感到欢欣。

我所在的社区有一个非常著名的人物，她的名字叫"苹果"，大家都说，有问题找苹果吧，她最清楚。苹果本名韦斯娜，只有21岁，却已在纽约打工4年。问苹果现在在哪里打工，她指着身上有义工标志的红马甲回答：义工联。苹果是美国南山区义工联唯一一个"专职义工"，这个"打工妹"

为了做义工，竟然将自己原来的工作辞掉了。

苹果当义工纯属偶然，那时她才刚来纽约，陪一个朋友到义工联报名，当时她也没多想，只是觉得好玩儿就报了名，没想到这一次的报名却影响了她的一生。

苹果第一次走进霍华德大叔家时，这个50多岁的中年人坐在门口呆呆地望着天空。霍华德大叔从小因小儿麻痹症导致四肢瘫痪，家里只有一个70多岁的老母亲在照顾他。因为老母亲身体也不好，霍华德大叔已经很久没有走出村子了。见到苹果他很高兴，嚷着要出去玩儿。苹果于是到义工联借了个轮椅将霍华德大叔推了出去。

一路上，霍华德大叔很兴奋，苹果却很吃力：你可以想象，一个90多公斤的大胖子有多沉。走着走着，苹果发现霍华德大叔突然不说话了，低头一看，这个50多岁的汉子泪流满面。霍华德大叔说，他太高兴了。苹果没有想到给别人带来快乐原来如此简单，她更加积极地投入义工联的各种公益活动中。

随着帮扶对象越来越多，苹果发现时间越来越不够用。其实，在纽约打工的几年，苹果的工作也渐有起色，可以说是一年上一个台阶。可当南山义工联需要招聘一个专职义工时，苹果坚决地辞了工作。

专职义工每个月的工资只有900美元，只是苹果以前工资的一个零头。许多朋友不理解苹果，说她傻，父母也不理解她，家里并不富裕，很需要她支持。苹果的执着感动了大家，身边许多朋友被她带进了义工队伍。

有人问她："你为什么当义工？"苹果回答说："我觉得

帮助别人是一件很快乐的事情，不仅带给人快乐，还找到了自己的价值。"苹果还说："当了这么多年义工，帮助别人，成了我的一种幸福，一种习惯。"

一个人帮助别人不难，但若把助人当作一份工作、一种事业确实难上加难。苹果能做到这一点，可以看出她是一个多么心地善良的人。她在助人的同时，也获得了更多的快乐、更大的幸福。助人容易求人难，何不在解决别人的痛苦中，感受助人的快乐呢？伸出你的援助之手吧！其实很简单，你会获得更多的朋友、更多的幸福和快乐。

人际关系箴言

帮助别人没有原因，也很简单，有时帮助只是一个手势、一句话、一个微笑……这些对你没有任何损失，也只是举手之劳。可是回报你的可能远远不止你所付出的，至少有别人的满怀感激。

学会分享生活的快乐

一天，我和朋友基德谈论分享这个话题，我们将其作了如下归纳：

分享是一种美德，把自己的东西与别人一起分享，一些零食也好，一次愉快的经历也好，当你选择与别人分享，就是把他们放在了你心中重要的位置，想到快乐就会想到他们。

分享是一种需要，没有人拥有世间所有的美好，如果每个人都有一个想法，我把我的告诉你，你把你的告诉我，那么我们每个人都拥有了两个想法。同理推知，如果每个人都能够分享，那么我们就可以拥有自己原本没有的东西，让自己和他人都更加幸福。

分享是一种境界，与广场的鸽子分享你的面包，与水池里的金鱼分享你的饼干，与朋友分享你的快乐和忧伤。如果你有很多能够用来分享的东西，那你的生活会有意义；会有能与之分享的人，那么你的周围就有朋友。

我觉得自私是万恶的根源，不要以为自私能给自己带来利益，自私带给你的只有孤立，这样的生活充满悲哀，不是吗？不懂得分享，有时还会让你落入痛苦的深渊。接着，基德给我讲了一个故事：

一天，上帝看到地狱的入口处有无数生前作恶的人，他们每个人的脸上都显示出无比痛苦的表情。这时，一个恶霸抬头看到了慈悲的上帝，马上祈求上帝道："救救我吧。慈悲的上帝，不要让我进入地狱，我一定改过自新。"

上帝知道，这个人生前是个十恶不赦的恶霸，他不仅抢劫他人财物，还残杀生灵，连小孩子都不会放过，唯一的善举是，有一天他在走路时，刚要踩到一只小蜘蛛，不知道为何突然心生善念，稍稍移开了脚步放过了那只小蜘蛛。上帝看他还有一点善心，于是决定用那只小蜘蛛的力量让这个恶霸离开地狱之门。

于是，上帝向地狱入口放下去一根蜘蛛丝，恶霸紧紧地抓住了这根救命的稻草——蜘蛛丝，然后拼命向上爬。可是，其他在地狱入口等待接受煎熬的人看到这根蜘蛛丝都蜂拥而来抓住蜘蛛丝不放，慢慢地，蜘蛛丝上吊了很多人。

恶霸看到自己下面的人越来越多，担心这根细细的蜘蛛丝不能承受这么多人的重量，便从身上取出一把刀子，割断了自己身后的蜘蛛丝。可是，就在蜘蛛丝被割断的一瞬间，蜘蛛丝突然消失了，所有人又跌回到地狱的入口。当然恶霸也没有脱离苦海。

实际上，假如这个恶霸能够与他人分享生存机会，上帝就会救他脱离苦海。但是他没有做到，所以，他也失去了离开地狱的机会。

"有时候，许多东西不是你与别人分享了，你就会失去它，而是只有当你与别人分享的时候，你才会得到更好的结果。"基德说。

其实，我们都知道，生活中那些懂得与人分享的人其实是最幸福的人，他们在与人分享的时候能够感觉到情绪的释放或者是快乐的蔓延。当这些情绪得到传播之后，痛苦的感觉会随风而散，快乐的感觉却会瞬间在每一个人的心中盛开。不懂分享就不可能取得更大的成功，更不可能赢得别人的喜爱。所以，你要懂得分享，和家人、朋友甚至是陌生人共同分享生命中的美好。

我的太太曾对我讲过这样一段经历：

有一天，她在车站候车，离开车还有好几个小时的时间，她买了一袋松饼后找了个地方坐下，拿出一本书专心致志地看了起来。她无意中看到坐在她旁边的男人，竟然从他们中间的袋子里抓起一块松饼，如此无耻！她想了想，还是算了，不要发脾气，没想到，那个人又拿起了第二块！

当那个"贼"继续拿她的松饼的时候，她越来越气愤，她想："如果我不够大度，我一定会把他打得鼻青脸肿！"她每拿一块松饼，他也跟着拿一块。当只剩一块时，"他会怎么做呢？"她猜测着。他显得有些拘谨，脸上浮现出笑意，他小心翼翼地抓起了最后一块松饼，分成两半，递给她半块儿，自己吃了另一半。

她从他手中抢过半块儿松饼，并且想到："啊，天哪，这个家伙还算有良心，但他确实很无礼，为什么连感谢的话都不说一句？"她赌气似的吃完了半块松饼，这时，她听到了开车的通知，她想总算可以离开这个可恶的家伙了，急忙收拾起自己的行李向门口走去，连一眼都没有看那位"忘恩负义的偷松饼的贼"。

她坐上车，坐到自己的座位上，打算继续看书。当她把手伸进行李包时，却摸到了那一袋松饼，原来自己才是偷别人的松饼吃却没想要道歉的忘恩负义的人。

那位先生为了保护一个女士的自尊，免得她窘迫，毫无怨言地与她分享了自己的松饼。

从这件事看出，与家人分享不难，与朋友分享也不难，难就难在与素不相识的陌生人分享。因为你们之间没有任何涉及付出和责任的关系，彼此的生老病死都不在另一个人所关心的范围之内，因此，一个能够毫无怨言地与陌生人分享食物、分享快乐，甚至只是分享一个微笑的人，必定是一个心胸博大、热爱生活的人。

心胸博大的人与普通人的区别就在于，他们善于克服自己自私的一面，至少能够表现出比别人少一点的自私自利。这也是他们在人生的路上受欢迎、受尊敬的原因，也是能够在生活的点点滴滴之中发现真善美的原因。

懂得分享，你的快乐也会带给别人，你的幸福也是爱你的人的幸福，你的悲伤会有关心你的人给你安慰。

我们分享所有的美好，我们分享所有的甜蜜，当快乐从一个人传递到两个人再到四个人再到更多人，世界也就快乐了起来。把你的快乐告诉别人，你也将得到别人的快乐。与人分享吧，生命因为分享而更加美丽。

人际关系箴言

分享是一种需要，没有人拥有世间所有的美好，如果每个人都有一个想法，我把我的告诉你，你把你的告诉我，那么我们每个人都拥有了两个想法，同理推知，如果每个人都能够分享，那么我们就可以拥有自己原本没有的东西，让自己和他人都更加幸福。

第五章

提升沟通效果

——增强交流好感的7个心灵通道

把命令改成建议

最近，我十分荣幸能与美国名传记作家泰伯尔小姐一起用餐。闲谈中聊起了人与人之间相处的重要问题。她说："在撰写《欧文·扬传》[①]的时候，我曾访问过一位和欧文先生共同工作了三年的人。"

那个人表示："在与先生工作的三年中，我从未听到过他给人直接的命令。欧文先生始终用一种建议的委婉的口气，而不是直接对人下命令。"

在与人沟通时，没人会喜欢别人用下命令的语气对自己说话。应向欧文先生学习，他从未说过："做这个或做那个，别做这个或别做那个。"这样生硬的口吻通常让人无法接受。他总是说，你要不要考虑一下这个？或是这样做是不是更加有效果？

"你觉得如何？"当欧文写完一份信稿的时候总会很诚恳地这样问。有时，当他看到助理写的信后，通常会对助理抱有极大的耐心，他会这样说："我们这样使用措辞，应该会更好。"他不仅在语言上不盛气凌人，在行动上也总会给人机会，让人成长。

---

① 欧文·扬：美国实业家、商人、外交官。

他永远不告诉助手应该要怎么做,而是给他的助手们机会,让他们放手去做,不怕他们犯错误,这样反而能够在错误中吸取经验教训,获得成长。

这种推己及人的方法,总是让人很容易认识到自己原来的错误并加以改正。这种方法不仅能够让对方更加尊重自己,也会使人感到自己备受尊重。熟练地掌握这种沟通方法,更易获得真诚的合作,对方也不会有任何反抗情绪,更不会冷冷地拒绝。

即使是非常明显的错误,一旦用粗鲁的口气命令指责别人,也会引起对方的反感,改正起来也会非常困难。

塔宾瑞在一所职业学校担任老师,他的班里有一名学生,因为没有注意而把车非法停在学校门口,堵住了入口。在塔宾瑞上课的间隙,一位老师气冲冲地走进教室,恶狠狠地扫视全班同学,极为凶悍地问道:"你们谁的车子挡住了学校的入口?"同学中有一个人面带歉意地回答是他,老师面色不佳地吼道:"你最好以最快的速度开走,否则我就把车绑上铁链让拖车拖走。"

这样处理的结果,不仅让这名学生感到非常难堪和气愤,也让其他同学为他的遭遇感到"不平"和同情。这名学生的确不应该把车子停在这里,但是沟通批评的方法用错,却会产生不同的效果。这件事情发生以后,班里同学对那位老师总是"针锋相对"。后来,这位老师不得不向校方提出请求,要求转到别的班任教。

这位老师原本可以用一种让人更易接受的方法处理。设想一下,他若能态度友善地问:"挡住学校入口的轿车的车主是谁?"并提出建议把车开走,那么这个同学一定会非常愉悦地去做,班上的同学们也会很愉快地认真听他的课。

不用命令的语气和别人说话,用提出建议的方法可能会让你收获前所未有的成功。一家小工厂的老板就用此方法接下了一份巨额订单。他是怎样做到的呢?

南非约翰内斯堡,依安·麦克作为一家小工厂的经理有个机会接一张大的订单。但是这张订单需要在非常短的时间内完成,他认为按照正常的工作时间是不能够按期交上货的,而且工厂又已经排定,这么短的交货期让他有些动摇去接这张订单,可无奈的是,这张订单非常重要。

在这样的情况下,麦克并没有催促自己的工人整日加速工作来赶这张订单。他召集了工厂的全体工人召开了大会,并且十分诚恳地对他们说,假如这张订单能够完成,对于员工自身和公司有多大的意义,并解释了目前工厂的现状和面对的问题,希望员工能够帮自己拿主意。

"你们已经很辛苦了,我并不想让大家熬夜加班,我们有没有办法完成这张大的订单?"

"有没有什么方法能够调整我们工厂的工作安排,以帮助我们完成这张重要的订单?""我们有没有其他办法,能够空出足够的时间和设备来完成这张订单呢?"

工厂的员工纷纷建言献策,并且对于接下这张订单十分坚持。他们始终坚信"我们可以办到",最终他们用这种态度接下订单,并且如期交货。

我们不禁感到好奇，这张订单为何能够成功接下？这就是"建议"的力量。麦克用"建议"的方法，让员工自己感到订单"非接不可"。因为他们有权"决定"公司到底是否应该接这张大的订单。让员工认为自己的态度很重要，而自己也必须肩负起责任，这张订单他们要接。

改变一个人的态度，不引起他人的反感厌恶，往往需要我们记住：别直接用命令的语气。

我们在生活中往往有这样的经验，如果让一个人按照你心中所想去办事，用命令的口气往往是行不通的。每个人都希望自己被尊重，如果我们用"必须这样，必须那样"不容商量的语气说话，会让别人感到不平等，很气闷。每个人都是一个独立的个体，拥有自己的思想和意愿，命令的语气会让人觉得是在受人控制。人们更愿意接受用亲切的口吻提出的建议，而不是命令的语气。

用命令的语气说话，会让别人讨厌你。即使作为领导，也不要用命令的语气面对下级，要做到合情合理，语气温和，这样下级才会服从你。在生活中，我们也应该时刻注意自己与别人说话时的语气，应做到亲切温和，语气诚恳。

人际关系箴言

每个人都是一个独立的个体，拥有自己的思想和意愿，命令的语气会让人觉得是在受人控制。人们更愿意接受用亲切的口吻提出的建议，而不是命令的语气。

站在对方的立场阐述问题

做错了事情却又不肯承认,这是人性的弱点。当你遇到有人犯错时,责备是无济于事的,甚至会起到相反的作用。只有试着去了解他,站在他的立场上去看问题,才是最聪明的做法。

山姆·道格拉斯曾经经常抱怨太太把过多的时间都用在修理草坪上了。

原来,他太太一周至少去草坪上拔草两次,另外顺便施肥和剪草。而道格拉斯却认为草坪和四年前刚搬来时一样,并未变好。当他把这些话说给太太听时,他的太太感觉自己费力不讨好——山姆·道格拉斯的埋怨自然就破坏了他们的夫妻感情,让夫妻关系很紧张。

后来道格拉斯参加了我们的交际培训班,在培训中他认识到了自己的愚蠢。他开始从太太的角度考虑:她确实喜欢草坪,是因为她从中找到了生活的乐趣。萝卜青菜,各有所爱。于是道格拉斯决定改变自己。一天晚饭后,他的太太又去修理草坪,道格拉斯也跟了出去,帮助太太一起除草、施肥,他们边干活儿,边愉快地谈话,太太非常高兴。从此他经常帮助太太修理草坪,并称赞她干得好,草坪比以前好看多了。于是,夫妻间的感情日益加深。

肯尼迪·古迪的《怎样让人们变成黄金》一书中有这样一段发人深省的话："停下来，用数秒钟的时间比较一下，你是如何关心自己的事情和关心他人的事情的，然后你就会理解，别人也和你一样。而你一旦掌握了这个诀窍，就会像罗斯福和林肯一样，拥有了做任何事的坚实基础。换言之，和别人相处的关系怎样，完全取决于你在多大程度上替别人着想了。"

无独有偶，古拉德·黎仁柏和古迪有相同的观点。他在《进入别人的内心世界》一书中，也有类似的一段话："把别人的感觉和观念与自己的感觉和观念置于相同的位置，并把它表现出来，这样谈话的气氛就会融洽起来。当你在听别人谈话时，要根据对方的意思来准备自己将要说的话，那样，由于你已理解和认同了他的观点，他也就会理解和认同你的观点。"

多年来，我有这样一个习惯：常到离家不远的公园中散步。我非常喜欢那里的橡树，所以每当看到公园里一些树被烧掉或砍伐时就十分痛心。这些火灾差不多都是由到园中野炊的孩子们造成的。有时火势很凶，必须叫来消防队才能扑灭。

公园门口有一块牌子，警告人们不要在公园玩火，违者罚款。但由于牌子放在角落里，很少有人看见它。公园里虽有警察巡逻，但他对自己的工作不太认真，火灾仍然时常发生。有一次我又看到公园失火，就急忙跑去告诉警察快叫消防队，可没想到他却说那不是他的事。我非常失望，于是以后我再到公园里散步的时候，就担负起了保护公园的义务。当我看见树下起火时就非常不高兴，经常急着做正义的事情却做错了事，最初，我警告那些小孩子，引火可能被拘禁，我用权威的口气命令他们把火扑灭。如果他们拒绝，我就会恫吓他们，要将他们交给警察。就这样，我只是按照自己的想法去做，只是在发泄自己的情感，全然没有考虑孩子们的感受。结果那些孩子怀着一种反感的情绪暂时遵从了，在我转过身去的时候，他们又重新燃起了火堆，并恨不得把整个公园烧尽。

随着时间的推移，我逐渐懂得了与人相处的道理，知道了怎样使用谈话技巧，并更懂得从别人的角度来看待问题。于是我不再发布命令，甚至恐吓，而是说：

"孩子们，玩得高兴吗？你们在做什么晚餐？我小时候也很喜欢生火，直到现在我仍然很喜欢，但你们知道在公园里生火是很危险的吗？我知道你们几个会很小心的，但别的孩子就不一样了。他们来了也会学着你们生火，回家的时候却又不把火扑灭，这样就会烧掉公园里的所有树木。如果我们再不谨慎的话，我们就不会再看到这里的树木了。另外，因为在这里生火，还有可能被抓起来。我不干涉你们的兴致，我很愿意看到你们开开心心的，但我想请你们在离开时，把火用土埋起来，并把火堆旁边的干枯树叶拨开，好吗？你们下次来公园玩时，可不可以到山丘的那一边，就在那沙坑里取火，那样就不会有任何危险了。多谢了，孩子们，祝你们玩得快乐！"

这样的说法产生的效果可好多了！孩子们都非常听话，而且很愿意接受和合作。他们没有被强制服从命令。我们双方感觉都很好，因为我在处理这件事时，完全是从他们的角度出发考虑的。

当一个人面对难题时，如果他能够从别人的角度来看待事情,那么就可以缓解压力,解决问题。

伊丽莎白·洛亚科用分期付款的方式买了一部车子。由于种种原因,她已有六周没有按合同交款了。一个星期五的上午,负责洛亚科买车付款账户的一名男子在电话中愤怒地告诉她,如果下周一上午不把钱交上的话,他们将采取进一步的行动。

刚好是周末,洛亚科没有筹到钱。于是这名男子星期一在打给洛亚科的电话里说了更多难听的话。当时洛亚科没有发火,而是从他的角度出发来考虑这件事。洛亚科先是真诚地道歉,并表示真是给他带来了很大的麻烦,而且因为自己已经七周未付款,一定是他客户中最让他头疼的。

这名男子听了洛亚科的这番话后,改变了态度,说洛亚科并不是最让他烦心的,还举了几个例子来说明。说有的客户经常撒谎,有心躲着不见;还有的非常不讲理。

洛亚科没有说话,只是静静地听,让他把心中的不快都说出来。最后,还没等洛亚科提什么要求,他就主动说如果洛亚科不能马上交还拖欠的钱,也可以,只要洛亚科在本月底先付给他20美元,然后在她方便的时候再把其余的钱交给他就可以了。

哈佛商学院的特哈姆说:"在与人谈话前,我宁愿用两小时的时间在他办公室前的人行道上散步,也不愿在还没有清晰的想法、没有充分准备答案的情况下,直接去他的办公室。"

如果你永远都能按照对方的观点去想,从他的立场看事,这就足够成为你一生中一座新的里程碑。

❦ 人际关系箴言 ❦

当你遇到有人犯错时，责备是无济于事的，甚至会起到相反的作用。只有试着去了解他，站在他的立场上去看问题，才是最聪明的做法。

迎合对方的兴趣找话题

如果你要让人喜欢你，对你感兴趣，那么，你就对别人讲他知道得最多的事情。

我们常说：想钓到鱼，就要先问问鱼想吃什么。同样的道理，沟通的首要前提就是要了解对方的兴趣，留心别人喜欢的是什么，厌恶的是什么，在交际中迎合他的兴趣，满足他的心理需求，从中将会得到自己所需求的东西。

密歇根州的汤姆·夏登是飞利牌石油公司的一名地区推销员。汤姆想成为他所属区域里成绩第一的推销员，但是一处加油站却使他的努力化为泡影。这处加油站的经理是一位老人，他一点儿也不爱打扫加油站的卫生。汤姆想尽办法仍不能使这位经理保持这处加油站的清洁，因此汽油的销售量大大降低。

不管汤姆怎样要求改进加油站，打扫干净加油站，这位经理都置之不理。汤姆眼看这么多的劝说和诚恳的谈话都没有效果，最后决定带他去参观一下这个区域清洁做得最好的加油站。

这位经理一走进加油站，眼睛都亮了，加油器运行了几年了，可还是被擦得锃亮，进来加油的汽车络绎不绝。经理看了后，什么话也没说就走了。汤姆第二天又到那个加油站去看，已看不到原来那台满是污垢的加油机了，加油室的地面被清洗得干干净净，玻璃擦得明晃晃的。经理穿着一身整洁的衣服正忙得不可开交。

汤姆暗暗地里笑了。后来他实现了自己的愿望，获得了"本地区最好的推销员"的称号。这一事例印证了奥佛史屈教授那充满智慧的忠告："首先，撩起对方的急切欲望。能做到这点的人，可以掌握全世界。不能的人将孤独一生。"

在生活中，你也应该多问几句，当你发问的时候就会惊奇地发现，有时候别人并不喜欢你给他的，当你了解了对方的观点时，你就迈出了成功的第一步。1920年初，我刚刚完成了那本《影响力的本质》一书。我打算在芝加哥的某家饭店里租用一个大舞厅，举办一个大型讲座，每张票10元。当一切准备就绪，入场券也已经被印好的时候，我接到了饭店方面的通知，要求将租金多加一倍。

很显然，无论谁遇到这样的情况都会感到为难，去责问饭店经理吗？显然不会取得好的结果，因为饭店经理总会摆出让人足以无言以对的理由的。况且他们关心的只是他们的事情，我办不办得成讲座恐怕不在饭店经理的考虑之内。

后来，我找到了这家饭店的经理，我很平静地对他说："听到这个消息，我很吃惊，但是我一点儿都不怪你，如果我处于你的位置，我也会这么做的。作为一名经理，使饭店的利润增加是你的责任。现在我们拿出一张纸，把你增加租金的益处和弊端都写下来，然后让我们来分析一下。"

我在一张纸上写了"利"的一方面，包括舞厅空下来以后，如果把它租给别的社团开大会或集会用，当然会增加收入，要比租给我办讲座得到更多的收入。然后我在另一张纸上写了"弊"的方面，内容是：你在这十天里将不会有收入，因为我没那么多钱付给你，即使有那么一两家来租用，也不会一下子就租十天。另外来听我的讲座的大多是大学里的教师、学生，还有不少企业管理者，如果我办不成讲座，你们岂不是少了一个很好的宣传机会吗？有些时候，财富是潜在的，我很遗憾，你们和我都要失去一个大好的机会了，你意下如何？

我把纸片写好以后交给那位主管，仍旧很平静地说："先生，你能好好考虑一下吗？我静候回音。"没过几天我就收到了一封信，信中说把原定的200%的租金减到105%。

这件事后，我发现了一个道理，在任何时候，人往往最关心的是他们自己。当你在与人相处时，如果能够迎合别人的兴趣，为对方做打算，那么，你就很容易与人沟通了。你替别人着想，别人就会自然地照顾你的需求了。

我有个叫约翰的同学，一天他下班回家，发现他的小儿子汤米正在又哭又闹，原来孩子的妈妈让他明天上幼儿园，而汤米贪玩不愿意去。约翰工作了一天，心情很不好，于是就对小孩子发了火，把儿子赶回他的房间并要求他第二天必须上幼儿园，孩子被吓得不哭了，并老老实实地回到他的卧室里去了。

过了一会儿，约翰觉得对孩子过于武断、粗鲁了，他不明白孩子为什么不愿上幼儿园，他想到了一个问题：如果我是汤米，我为什么不愿去幼儿园？想到这儿，他灵机一动，叫来妻子和他的大女儿，和他们一起弹琴唱歌。

一会儿，约翰看见他的儿子悄悄地探出头来。然后，汤米就来到了客厅，怯生生地问道："我可以参加吗?"约翰于是就很认真地说，如果汤米不上幼儿园，就学不会唱歌，学不会唱歌就不能参加他们的活动。

就这样，汤米高兴地答应了去幼儿园，第二天早晨，约翰本以为他是全家起来最早的，没想到汤米已经穿戴整齐地坐在客厅里了。约翰问他为什么这么早起床，汤米告诉他说：汤米不愿意迟到。

迎合别人的兴趣，重要的一点是要思考：对方最需要、最关心的是什么。如果你能从本节课中学到这一点，它会轻易地变成你成功的里程碑。

❦ 人际关系箴言 ❦

沟通的首要前提就是要了解对方的兴趣，留心别人喜欢的是什么，厌恶的是什么，在交际中迎合他的兴趣，满足他的心理需求，从中将会得到自己所需求的东西。

批评之前，先要欣赏他

当我们听到他人对自己的优点加以肯定和称赞后，再去听一些不愉快的话，自然会感觉舒服一些，对对方的批评也多半会欣然接受。

我的一位朋友应邀到白宫做客。当他来到柯立芝总统的私人办公室时，听到总统对他的女秘书说："你今天穿的衣服真好看，你看起来既年轻又漂亮。"我朋友后来对我说，在他看来，这个女秘书并没有总统说得那么好。

柯立芝总统一向不爱说话，所以他最动人的称赞就显得非常珍贵有效。这个称赞使女秘书感到意外，脸很快红了起来，甚至变得有点不知所措。柯立芝看到她的窘态，于是又说："干吗这样难为情呢？我这样说让你高兴我也高兴。但从现在开始，我希望你必须注意一下你的缺点，这样所有人都会像我这样称赞你了。"

尽管柯立芝总统的话有些直率，但体现了他对人的心理把握恰到好处。当一个人听到他人对自己的优点加以称赞后，再去听一些不愉快的话，自然会感觉舒服一些。之前赞赏会淡化后面的建议所给人心理带来的负效应，这正如理发师在给人修面前，先给人涂上一层肥皂一样。

历史的巧合总是惊人的相似。

1896年，麦金利就曾把这种说服他人的方法运用到了总统的竞选中。当时一位知名的共和党人写了一篇竞选演说稿，他自认为写得很好，于是非常高兴地在麦金利面前大声读起来。虽然这篇稿子有它的优点，但麦金利总觉得有些不合适，感到里面的有些内容会招来公众非议。麦金利必须在不妨害两人之间交情的前提下向他说"不"，让我们来看看他是怎样巧妙地处理这件事的呢？

"我的朋友，这的确是一篇精彩的演讲稿。"麦金利说。"你写得比其他人都好。在一般情况下，它很合适。但在今天这样的特殊场合，你看一看是否合适？也许你已认为它很合理与慎重，但我们必须从整个共和党的角度出发，来考虑它造成的影响。现在你回去，想想我的提醒，按照我的指示，再写一篇送过来。"

这名共和党人按照麦金利的意思做了。麦金利又帮他改了改，并最终敲定。也正是这篇演讲稿在后来的竞选活动中发挥了重大作用，使麦金利获得了竞选的成功。

1862年，是美国内战最黑暗的一年。连续18个月，林肯的联军在战争中屡遭惨败，整个北方一片混乱。

数千名士兵从军中逃跑了，一些共和党的议员也开始叛乱，他们想把林肯赶出白宫。这是一个黑暗、忧愁、混乱的时期，林肯在这一年的4月26日给野心勃勃的胡格将军写了一封信。信是这样写的：

> 我让你担任波特马克的陆军总司令，当然我这样做，有自己的理由。但对于有些事情，我对你不是十分满意，我想

我最好告诉你。

在我的眼里,你是一位有勇有谋的将军,我对你十分欣赏,这是我让你担任波特马克陆军总司令的理由之一。所以我也相信你能把政治和军事分清楚,你这样做是对的。当然,你的自信是一种有价值的不可缺少也很可贵的性格。

在相当的范围内,有野心是有益无害的。但我想,你出于个人的意志,竭力阻挠波安斯将军指挥军队,这对于一个拥有卓著功勋的将军来说,你的做法很不妥,可以说是犯了一个错误。

你最近曾说政府和军队都需要一位铁腕人物。当然,我不是因为这个,却也不计较这个,我才给你这样的任命。只有那些得到胜利的将领方能成为铁腕人物。我现在想要的是战场上的胜利,我可以将独裁权给你。

无论什么时候,你和所有的指挥官都将得到政府的有力支持。但我很担心你以前给军队的那些风气,以及你对领导的非议和不信任。而现在你将面临同样的非议和不信任,但是我将尽其所能地帮助你消灭这种风气。

当这种风气在军队中存在时,无论是谁,即使拿破仑在世,也无法指挥军队取得战争的胜利。现在你要注意,不可草率,要以旺盛的斗志和不懈的努力,挥军向前,取得胜利。

从信中,我们不难看出林肯是怎样试着改变一位有野心的将军的。不知大家注意到没有,在林肯说到胡格的严重错误之前,他先称赞了胡格将军。是的,那是严重的错误,但林肯没有这样评价它们,而是采取了更委婉的外交手段。信中隐含着一种严肃的谴责，但字面上却依然委婉诚恳，娓娓动听。胡格将军看到此信，能不被感动而甘愿效忠吗？

林肯写这封信仅仅用了5分钟，但它在1926年公开拍卖时，却卖了近两万美元，如果细算起来，它比林肯苦干半个世纪所积攒的钱要多得多，这一点是林肯生前绝对想不到的。也正因如此，使得它成为知名度仅次于林肯为五个儿子都牺牲而写给毕克斯夫人的那封哀悼信。

当然，你不是柯立芝、麦金利或林肯这样的伟人，但你应该知道这种说服他人的技巧对你的工作和生活也非常重要。米勒先生和我一样，都是平凡得不能再平凡的人，我在费城讲课时，他给我讲了这样一件事：

米勒先生承包了一幢办公大厦的建筑工程。工程开始一切顺利，眼看工程就要完工，突然，负责提供楼内装饰材料的供应商出了问题，声称他不能按期交货了。这样，整个工程都将受到影响，不能按期交工，麻烦可就大了，他将承担巨额的罚款。

争吵、讨论都无济于事，于是米勒先生去纽约找这个供应商。他径直走进供应商的办公室，对供应商说的第一句话不是指责，而是："你知道你的姓在这个地区是独一无二的吗？"供应商很吃惊："我不知道，我真不知我的姓在这个地区是独一无二的。"

米勒先生说："今天早上我在电话簿中查找你的地址，看到地勃罗科林电话簿中只有一个和你同姓的，这难道不能说明你的姓在这个地区是独一无二的吗？"供应商说："是这样吗?"他很有兴趣地翻着电话簿,显得很骄傲。接着他又自豪地说:"这个姓可不普通。在几百年前,我的祖父作为荷兰贵族从荷兰移民到这里……"

接着,这位供应商用了很长时间谈论他的家族史。等他说完,米勒先生又赞扬他一个人支撑那么大一家公司,能力非凡,还赞赏他公司生产的内饰材料比其他公司好得多。接下来供应商坚持要请米勒先生吃饭。

在吃饭的过程中米勒先生又说了一些其他的事情,始终没说来访的目的。直到饭局结束,供应商开口说:"我自然知道你此行的目的,但想不到,你能给我带来这么多的快乐。放心吧,你要的内饰材料,我马上派人给你送过去。"

米勒先生没有提任何要求就达到了目的。那些材料准时送到,他们也按期交工。在这种情况下,如果米勒先生也用大多数人的方法,去争论,结果肯定不会如此完美。

桃乐丝·路布鲁斯基是新泽西州福特蒙马斯的一个联邦信用社的分行经理。在我们的培训课中,她说起了下面的这件事:

最近,我们雇用了一个女孩当出纳员。这个女孩很会说话,和顾客打交道应付得很好,并且处理一些特别事情的能力也很强。可有一天结账时却出错了。当时出纳组长找到我,坚决要求让我把她解雇了,并说她干活儿很慢,影响了整个工作的进程,教她多次都学不会。

第二天我见她准确快速地处理着日常的业务,而且顾客对她也很满意。但很快我看到她在结账时又出了差错。

下班后，我找她谈话，她开始很紧张。于是我先夸她很会和顾客打交道，工作效率也不错。随后我提议我们一起温习一下平衡现金的程序。她明白了我对她的用心，就放松下来，在我的悉心指导下，她很快熟悉了业务。从此再也没有出现过问题。

从欣赏开始，就像做手术前，医生先给病人实施麻醉一样，麻醉能把痛苦减轻到最低程度，让病人更易接受。

🌸 人际关系箴言 🌸

当我们听到他人对自己的优点加以肯定和称赞后，再去听一些不愉快的话，自然会感觉舒服一些，对对方的批评也多半会欣然接受。

多伸橄榄枝，让对方愿意与你交谈

在人际交往中，少不了语言交流。可以说，每一次交谈都决定着事情的成败。那么决定交谈成功的因素是什么？为什么有的人在谈话中能言谈自若，引人入胜？而有的人费尽心力却无法让谈话对象提起兴趣，甚至反感呢？

其实，你要做的事情，就是用最短的时间来消除对方的警惕和排斥心理，让对方在你的亲切话语中接受你，从而变得友好起来。而一个合适的话题，就是让对方放下戒备，诚心和你谈话的最好工具。

卡森先生是一位童子军事业的工作人员。欧洲将举办童子军夏令营活动，卡森想邀请美国某家大公司的经理出钱，赞助一位童子军的旅行费用。他在去拜访这位大公司的经理之前，听说他曾开出了一张100万美元的支票，这在当时来说是一笔数额巨大的款项。

卡森见到这位经理之后说："我这辈子从来都没有听说有人开过数额如此巨大的支票！我要告诉我的童子军，说我的确看到过一张100万美元的支票。"听到这里，这位经理非常愉快地把那张支票递给卡森看。卡森则赞叹不已,并询问这张支票的详细情况,这位经理饶有兴致地告诉了他。

之后,那位经理问卡森:"请问你来找我有什么事?"这时卡森才说明来意。结果十分出乎卡森的意料:这位经理不但立即答应了他的请求,还十分慷慨地付出了更多的资助。

卡森本来只想请他出资赞助一名童子军去欧洲,可是他慷慨地资助了5名童子军和卡森本人,并当即就开了一张1000美元的支票,并建议他们在欧洲玩上几个星期。另外,他又给卡森写了封介绍信,把卡森引荐给他在欧洲分公司的经理,好为卡森提供帮助。

当卡森一行抵达欧洲时,分公司的经理亲自去巴黎接了他们,带他们游览了这座美丽的城市。从此以后,这位经理一直对卡森的童子军事业很热心,并且为家庭贫困的童子军提供工作机会。

卡森先生与陌生人交谈之所以能取得如此大的成功,其秘诀在于:刚开始时,他并没有和对方谈及有关童子军与欧洲夏令营的事,也没有谈他想要对方给予的帮助。他谈了对方感兴趣的话题,从而使对方高兴和他交谈,这样就能顺利打开交谈的话匣子。假如卡森根本就不谈对方感兴趣的事情,而是开门见山地提出请求,那么,这位经理有可能根本不会满足他。

会说话的人在谈话中都注重寻找共同的话题,这是因为共同的话题能够引起双方的兴趣。寻找合适的话题,把谈话的重心放在对方感兴趣的事情上,就能使双方的谈话融洽自如。古罗马著名诗人西拉斯说:"我们对别人产生兴趣的时候,恰好是别人对我们产生兴趣的时候。"所以，要善于从对方身上寻找共同点，并由此引出话题，这样就会引发亲近感。

多年来，费城的克纳夫尔先生一直想将燃煤推销给一家大型连锁公司，但这家公司的经理不予理睬，一如既往地从市外一个煤商处采购燃煤。有一天，克纳夫尔先生在我的班上做了一次演讲，对这家连锁公司大加指责，认为他们是国家的一颗毒瘤。可是，他依然不知道他为什么不能把煤卖给他们。于是，我建议他试试采用其他手段。

简言之，后来的情形是这样的：我将班上的学生分成两支队伍进行辩论，辩题是"连锁公司的广泛分布对国家是否害多益少"。

在我的建议下，克纳夫尔先生同意加入反对方，为连锁公司做辩护。于是，他径直去找那家被他痛斥的连锁公司的经理，对他说："我来这里，并不是向你推销燃煤的。我只是来请你帮我一个忙。"

之后，他告诉这位经理他要参加一场辩论赛，并说"我来请你帮忙，因为我认为没有人比你更适合为我提供我所需要的材料。我非常想赢得这场辩论赛，无论你能给我什么帮助，我都将非常感激。"

下面是克纳夫尔先生对之后情况的介绍：

我请他给我一分钟的时间。由于讲了这个条件，他才答应见我。但是当我说明我的来意之后，他让我坐下，和我谈了1小时47分钟。他还叫来另一位曾写过一本关于连锁经营的书的高级职员向我介绍相关情况。他还给全国连锁公司联合会写信，替我要了一份关于这方面的资料。他觉得连锁公司是真正为人们服务的，他对于能够为成千上万的人服务而倍感自豪。他谈话的时候精神焕发，眼睛里散发出我从未见过的光芒。而我也必须承认，他开阔了我的眼界，使我看见了我以前连做梦都没有想过的事，他改变了我的整个想法。

当我离开的时候，他把我送到门口，搂着我的肩，祝我辩论胜利，并请我再来看他，将辩论的结果告诉他。最后，他对我说："请你在春末的时候再来看我。我愿意订购你的燃煤。"

对我来说，这简直不可思议。我并没有提及燃煤的事情，可是他却要订购我的燃煤。我只不过因为对他及他的问题有真实的兴趣，因此在不到两小时内得到的成果，比我在过去多年中试图让他对我及我的燃煤产生兴趣所得的还多。

人与人之间，很难在初次见面时就产生共鸣，往往必须先引起对方想与你交谈的兴趣，并在经过一番深入交谈后，才能让彼此更加了解。当你想尝试说服他人，或是对他人有所请求时，不妨先避开对方的忌讳，转而从对方感兴趣的话题谈起，而且不要太早暴露自己的意图，等到对方一步一步地赞同你的想法后，他们已不自觉地认同你的观点了。

一个善于交谈的人在与陌生人谈话时，能主动去寻找对方感兴趣的话题，因为好话题是初次交谈的媒介，是深入细谈的基础，是纵情畅谈的开始。把谈话的重点放在对方感兴趣的事情上时，对方会因为你的细心而感到高兴，并乐意与你交谈下去，这样你就能达到与对方深入交谈的目的。

人际关系箴言

你要做的事情,就是用最短的时间来消除对方的警惕和排斥心理,让对方在你的亲切话语中接受你,从而变得友好起来。

换一种方式表达不满

现实中的很多人,特别是身居高位的人,常常喜欢去责怪自己的下属,好像这样才能发泄不满,才能体现出自己的尊贵——这是人性的弱点。但人往往有这样一个特点:当他面对责怪的时候,会因此产生抵触情绪,并且竭力替自己辩解。

告诉各位,责怪是危险的,因为它伤害了一个人宝贵的自尊。伤害了他的自尊,对方会产生强烈不满的情绪。心理学家汉斯·塞利说:"就像我们渴望获得承认一样,我们害怕受到谴责。"所以,请你不要责怪别人,换一种方式来表达你的不满,也许情况要好得多。

世界著名心理学家斯金纳是我最崇拜的人之一,他通过实验证明:奖赏能让人少犯错误,而指责和惩罚只能带来怨恨和不和。

为了证实这个道理,我还请教过一所监狱的典狱长,那位典狱长告诉我:"在我们这里,几乎没有一个人认为自己是犯人,他们总是认为他们是正常的没有犯罪的人,就像你我一样,你跟他们谈话,他们会告诉你为什么他们的手不得不拿起枪来杀人,为什么他的手在保险柜的密码锁面前会那样灵活。他们的说法很合理，你会认为他的逻辑成立，可你却知道一点，他们犯了罪，他们是坏人。"

由此，我们也可以得出一个结论：没有人在犯了错误以后会责备自己，他总是找各种理由加以辩解，那辩解的言辞能把自己说服。当别人指责他的时候，他会情不自禁地辩解，辩解不成功时，就会带着怨气和怒火对待别人。

在漫长的历史中可以找出很多"批评"毫无效果的例子。1908年，西奥多·罗斯福辞去总统职务，离开白宫去非洲猎狮，共和党的另一位领袖塔夫特当选为总统。当西奥多·罗斯福再回到美国时，发现塔夫特改变了自己在任时的政策，于是他指责塔夫特过于保守，并且另行组建了"进步党"，准备再次竞选总统。这几乎导致了共和党的瓦解。

结果在那次选举中，塔夫特和共和党只获得佛蒙特州和犹他州两个州的选票，这是共和党有史以来遭受的最大失败。罗斯福谴责了塔夫特，但是塔夫特有没有自责呢？当然没有。塔夫特曾经含着眼泪说，他不知道怎么样做才能和自己已做的不同。

这件事究竟是谁对谁错，是另外一回事，但我们可以发现，罗斯福的批评并没有使塔夫特觉得自己不对，而使塔夫特只想尽力替自己辩护。这次争论导致了共和党的分裂，而将伍罗德·威尔逊送进了白宫。

我们再来看一下"爱尔克和铁弗敦油田保留地舞弊案"。这件事曾经使全国舆论愤怒，也轰动了整个美国。任何人都不曾料想到，在美国国家行政中会发生这样的事。这件舞弊案的事实是这样的：哈丁总统任时的内政部长阿尔伯特·胡佛被委派主持政府在爱尔克和铁弗敦油田保留地的租赁事宜。这两处油田保留地是政府预备给海军未来使用的。当时，胡佛有没有主持公开招标？完全没有。胡佛部长把这份丰厚的合约很干脆地送给了他的朋友杜黑尼。而杜黑尼投桃报李，"借"给胡佛称为"贷款"的10万美元。

胡佛接着利用自己的权力，命令美国海军入驻爱尔克和铁弗敦地区，把附近的其他油田开采商全部赶走，因为他们附近油井的开采对爱尔克和铁弗敦油田开采有一定影响。被赶走的油田开采商不甘心，于是走进法庭上诉，这才揭开了"爱尔克和铁弗敦油田保留地舞弊案"的内幕，涉案金额达1亿美元。

这件舞弊案轰动了全美国，全国舆论哗然，一致指责这件丑闻，其影响之恶劣几乎毁了整个哈丁政权，共和党也几乎垮台，最终以胡佛锒铛入狱宣告结束。

试想，胡佛遭到千夫所指、万人唾骂，很少有人被这样谴责过！那么胡佛表示后悔了吗？没有，根本没有！在几年后，郝波特在一次公开演讲时透露，哈丁总统的死是因为神经的刺激和心里的忧虑，因为有一个朋友曾经出卖了他。

当阿尔伯特·胡佛的妻子听到这些话之后立刻从沙发上跳了起来挥舞着拳头号啕大哭说："为什么说哈丁是被胡佛出卖的？不，我的丈夫从没对不起任何人，就算这间屋子里堆满了黄金，我的丈夫也不会被诱惑去做坏事。他是被别人所出卖，才会落得被钉上十字架的下场。"

从上面的几个例子中我们可以看出，人类的天性就是做错事只会责备别人，而绝不会责备自己。所以，当以后我们要批评别人的时候，还是先想一想卡巴尔、科劳德和胡佛这些人。他们的前车之鉴让我们意识到：批评就像饲养的鸽子，它们永远会飞回家的。我们更需要了解我们所要批评和谴责的对象，他们会为自己辩解，甚至会反过来攻击我们的。

人际关系箴言

责怪是危险的，因为它伤害了一个人宝贵的自尊。伤害了他的自尊，对方会产生强烈不满的情绪……请你不要责怪别人，换一种方式来表达你的不满。

让对方觉得决定是自己做出的

在人的骨子里有这样一种特质：没有人喜欢被强迫去做事或接受他人的意见，人们都喜欢依自己的意愿购置东西，按自己的想法去做事，而且，任何人都会很高兴有人探询自己的想法，征求自己的意见。我们可以想想，自己的主意是不是比别人的主意更受到自己的重视？如的确如此，那么，如果将你的意见强塞进别人的脑子里，是不是有失明智呢？

尤金是纽约州一个画室的推销人员，他的工作是把画室设计的草图卖给那些服装设计师和纺织制造商。尤金干这一行已经有些年头了，积累了丰富的经验，每次总能把草图推销出去。可是有一次，他遇到了一个很难被说服的客户。这是个在当地小有名气的服装设计师。每次尤金去的时候，这位设计师总是热情地接待他，把他带去的草图仔细地看一遍，但就是不购买。为了拿下这项业务，尤金前前后后跑了150多次，可是始终没有结果。

失败没有改变尤金的决心，每天晚上他都要抽出一点儿时间去研究说服别人的哲学，以发展新观念、激发新热忱。

不久，尤金找到了一种新的方法。他随手拿出几张尚未完成的草图，来到这位设计师的办公室，请设计师提出自己的意见。这一次，设计师把未完成的草图留了下来，叫尤金过几天去找他。几天后，尤金来到设计师的办公室，获得了设计师的修改意见，并按他的意见完成了图案设计。设计师二话没说就买下了这些草图。从那时起，这位服装设计师成了尤金的固定客户，经常向他购买一些草图，而这些草图完全是依据设计师的想法画成的。

尤金的做法很简单，他只是让客户觉得图案是他自己创造的，这样他也用不着推销，去催促对方买下这些草图，对方会主动去买。提出一个建议，让他自己做决定。这样可使别人觉得结论是他自己得出来的。

罗斯福做纽约州长时，每当有重要职位需要补缺时，他都请那些政党要人推荐。当然，这些人最初推荐的都是一些不受欢迎的人，罗斯福都以民众不能通过为由予以拒绝。

后来他们又推选了一个出来，那人表面上看来虽然并没有可以批评的地方，可是也没有令人称赞的优点。罗斯福告诉他们，如果任用这样的人，就会有负公众的期望，所以请他们再推选出一个更适合这个职位的人。他们第三次推荐的人比前两位强多了，可是还不十分理想。于是，罗斯福对他们表示了感谢，并让他们再试一次。第四次他们推荐的正是罗斯福所需要的人。

在对他们的协助表示感激之后，罗斯福就任用了这个人。而且，罗斯福还使他们享有任命此人的荣誉，借此机会罗斯福对他们说，他已经做了使他们愉快的事，现在轮到他们顺从自己的意见，做几件事了。罗斯福相信那些政党要人也愿意这样做，因为他们帮助了政府的重大改革，诸如选举权、税法及市公务法案等。

当然，罗斯福在一遍遍地征询他们的建议时也付出了很多时间和精力，但这种做法使那些政党要人真正地感觉到，是他们"自己"选择了候选人，任命也是他们最先提出的。

长岛有一位汽车商人，利用同样的技巧把一辆二手汽车顺利地卖给一位挑剔的苏格兰人。

这位苏格兰人去商人那里看车看了很多次，总是觉得不满意，这让商人很恼火。后来，这位商人的朋友建议他停止向这位苏格兰人推销，而是让他主动购买。朋友告诉他，不必告诉苏格兰人怎么做，而是让他告诉你该怎么做，让他觉得出主意的是他。

商人听取了朋友的建议。几天之后，当有位顾客希望把他的旧车换一辆新车时，商人开始尝试刚学到的新方法。他知道，这辆旧车对那位苏格兰人可能会有一定的吸引力。于是，他打电话请那个苏格兰人过来帮忙提点建议。

苏格兰人到了之后，商人请他为这部车子估价。苏格兰人很爽快地答应了商人的请求，他开车到外面转了一圈，试了试车的性能，最后建议商人用300元的价格买下这辆车。商人随即问苏格兰人，如果他能以这个价钱卖这辆车，他是否愿意买？苏格兰人二话没说就同意了，因为这是他的意见。

一位X光制造商运用同样的技巧，将他的第一批仪表卖给了布鲁克林最大的一家医院。这家医院正在建造机房，准备安装美国最好的X光机。L博士是新建机房的负责人，被推销员们包围了，每个人都说自己的仪表是最好的。但这位X光制造商比较精明——在说服别人的技巧方面，他比别的人好得多，他给L博士写了这样一封信：

我们最近研制成功了一种新式的X光机。第一批机器刚刚运到我们办事处，它们当然不是最完美的，我们知道这一点，而且我们正在努力改进它们，如果您能抽空来看一看，告诉我们如何改进更能适合你们使用，我们将非常感激。我们知道您很忙，我们很愿意在您指定的时间派车去接您。

"我接到那封信真的很诧异，"L博士在后来叙述这件事时说，"我既诧异，又有点受宠若惊，从来没有一个X光机制造商征求过我的意见，它让我觉得自己很重要，我觉得我受到很大的恭维。那段时间我每晚都很忙，但我取消了一个又一个约会，只是为了去看那台机器。我越研究越发现我非常喜欢那台机器。""没有人让我买那台X光机，我觉得是我说服医院买下了那家的X光机。我用那台机子的优点说服了我自己，然后把它安装起来。"

威尔逊总统在白宫的时候，当他处理国内、国际大事时，赫斯上校对他影响很大，威尔逊依赖赫斯上校比依赖他的内阁成员都多。上校是用什么方法影响总统的？

幸运的是，我们知道了他的秘密，因为赫斯自己曾对史密斯透露过，而史密斯在《星期六晚报》的一篇文章中引用了赫斯的话："我认识总统以后，通过观察、研究我发现，让他相信一个主意的最好方法，就是将这种主意'偶然'地移植在他的脑子里，让他对此产生兴趣，使他主动思考，从而'想出'这个主意。这个方法第一次发生作用，是一件很意外的事。我到白宫拜访他，劝他采取一项新政策，但这项政策，当时他似乎不大赞成。几天后，在聚餐的时候，我很惊讶地听他说出我的提议，当然是他自己的主意。"赫斯有没有阻止过他，说"那不是你的意思，那是我的吗？"绝对没有，赫斯绝对没有。他太精明，不至于那样做。他从不居功，他要的是效果，所以他使威尔逊总统继续感到那个主意是他的。赫斯做的实际上比这还多，但他一直宣称这些都是威尔逊的功劳。几年前，纽布伦斯维克有一个人对我使用这个方法，使我成为他的顾客。

我那时计划到纽布伦斯维克划船、钓鱼，于是我写信给一家旅行社打听消息。我的姓名、住址显然被列入公开的名单里，因为我马上被野营中心和导游处寄来的十几封信件、小册子包围。我被弄昏了，我不知道选哪一家好。后来有一位野营主任做了一件很巧妙的事——他给了我几个他曾接待过的纽约客人的姓名和电话号码，请我打电话给他们，自己去调查他的服务如何。我很惊异地发现我认识其中一个人。我打电话给他，请教他的经验，然后打电话给这家营地告诉他我到达的日期。其他人都想卖给我他们的服务，但有一个人使我成功买了，他胜利了。

❀ 人际关系箴言 ❀

自己的主意是不是比别人的主意更受到自己重视？如的确如此，那么，如果将你的意见强塞进别人的脑子里，是不是有失明智呢？

第六章

维系家庭和谐

——保证婚姻幸福的7个心理秘方

卸掉烦恼开心回家

在整个社会中,家庭是社会的细胞,是社会稳定的基石。对于个人而言,家也许只是一桌美味的佳肴、一句轻声的问候、一个暖暖的拥抱……不管加班到多晚,不管走多远,我们的心都在想着回家的路。因为一个温馨的家是心灵的港湾、人生的驿站、人生事业的原动力。

家多好啊,但有的人却不想回家,因为家里已没有了爱,感觉不到温暖,看不到希望,只有责任。这样的家也就形同虚设。有人说,家是一本难念的经,要念好这本"经"确实需要一定的技巧。

有一个成功的商人,家庭非常幸福美满,他的家里每天都充满了欢声笑语。朋友问他秘诀是什么,他却说秘诀就是离他家不远的一棵梧桐树。原来刚开始他不想每天带着疲惫的身躯和满脸的愁容回家,就在那棵梧桐树下休息,他远远地看到自己家里明亮的灯光,依稀看到妻子在准备着晚餐,孩子们则绕着妻子追逐打闹,他看着常常会情不自禁地笑起来。可是工作上的烦恼他又能对谁说呢,于是他就把所有的烦恼对着大树说了一通，感觉心情舒畅多了。从那以后，他每天下班对着大树倾诉自己的烦恼，卸掉烦恼后再开开心心地回家。

卸掉烦恼，带着快乐与欢笑回家，家里自然充满笑声。试想一下，如果你带着烦恼，满脸愁容地回到家里，家里的人会开心吗？他们会被你不良的情绪所感染，他们怎会快乐起来呢。"家"是一个硬件，"人"才是组成并发挥功用的软件。家庭中的每个人都有责任让我们这个共同的家和睦，那么请卸掉烦恼，脱去包袱，带着快乐回家。

家庭生活是一门非常复杂的学问，处理好了我们会从中得到幸福和快乐，处理不好，我们的生活会被弄得一团糟。不管你是谁，在处理工作与生活中的两个角色的互换时，一定要做到游刃有余。在工作中你可以指点江山，但回到家里就必须平凡随和，对家庭中的每个人都要表露出一份体贴。

美国著名作家海明威出生在美国伊利诺伊州芝加哥郊外橡树园镇的一个医生家庭，他的作品影响了整个世界，曾获得过诺贝尔文学奖。他那篇塑造了铮铮硬汉形象的小说《老人与海》，家喻户晓。海明威一生获得了很多荣誉：著名作家、战斗的英雄，他的硬汉形象影响了几代人……但他的爱情和婚姻却并不美满。

海明威一生经历过四次婚姻，尽管婚姻出现问题的原因是复杂多样的，但最主要的原因恐怕还是海明威那骄傲、强硬、一向习惯女人服从他的硬汉的性格所造成的，他没能正确处理好爱情与事业的关系。

海明威有一个妻子叫哈德丽，有一次，海明威去了外地办事，哈德丽有空打算去看他。哈德丽想：海明威若有时间，肯定想继续写他未写完的小说。于是，她就带上海明威所有小说的手稿，并把它们都装在了一个手提箱里。不幸的是，这个箱子在火车上被人偷走了。

因为这个丢失的手提箱，哈德丽都快急疯了。她一见到海明威就哭了起来，并泣不成声地连声说着："对不起！"海明威并没有安慰他的妻子，他为不得不重新开始他的计划而恼火，他一直想成为一个伟大的作家，而哈德丽的这次过失影响了他的发展，因此即使是他信赖的妻子，他也无法原谅，不久，他们二人就离了婚。

海明威的另一任妻子波琳，她为海明威生下两个孩子，在孩子出生时都遭遇难产，而海明威不但不关心、不陪护他的妻子，却因为厌烦孩子的哭闹而两次都把哭叫的婴儿和虚弱的波琳一起丢在家里，自己去打猎、钓鱼。

海明威被家庭和孩子搅得心烦意乱，不久，他在一次宴会上迷恋上了另一个年轻、漂亮的女人，就这样，海明威又结束了他的一次婚姻。

海明威的霸道、征服别人的欲望及自私，注定了他不会有美满的婚姻。

在我们的家庭生活中，要多一点理解、多一点包容、多一份爱心，给对方留一些自由的空间，学会彼此沟通。做一个爱家的人，用心去营造一个美满的家，家才会给我们带来温暖，家才会成为永远温馨的港湾。

人际关系箴言

对于个人而言，家也许只是一桌美味的佳肴、一句轻声的问候、一个暖暖的拥抱……不管加班到多晚，不管走多远，我们的心都在想着回家的路。

对妻子表示衷心的赞赏

赞赏对方是一种巨大的精神力量，它是金钱难以买到的，是超越所有金钱的价值更高的财富。一个家庭如果到处充满了赞赏，你想不幸福都难。

赞赏对方是一本万利的事。每个男人都应该知道，用奉承的方式可使他的太太愿意做任何事情，而且什么也不顾地去做。他知道，如果他只夸奖她几句，说她家庭管理得如何的好，说她如何帮助他而不必花他一分钱，她就会把她的每一分私房钱都赔上。

每一个太太都认为她丈夫完全知道该怎么做，因为她早已把如何对待她的方式全部告诉了他。但他宁愿不顺从她的意思，反而花钱吃不好的东西，把钱浪费在为她买新衣服、新型豪华轿车上，而不愿意花精力来奉承她一点，不愿意以她所要的方式来对待她。她真不知道该喜欢他呢，还是讨厌他。

做丈夫的应该多多开口对妻子说话。说什么话呢？毫无疑问，说赞赏的话。比方说，对于妻子在打扮和穿着方面所花的心思，丈夫应该表示出他的赏识。所有男人都知道女人非常注意衣着，但也常常会忘记这件事。例如，有一个男人和女人，在街上遇到了另一个男人和女人，这个女人很少会看另一个男人，她通常会注意看另一个女人的衣着怎样。在场的各位男同志，大多不会记得他们5年前穿的是什么西装或衬衣，而且没有记住这些事情的念头。但是女人——她们就不同了，我们男人真应该认清这点。法国上流社会的男人，在这方面很有教养，不但对女人穿戴的衣帽表示赞美，并且在一个晚上不止赞美一次，而是好几次。几千万个法国男人都这么做，一定有他们的道理。

我曾在一本杂志上看到了一段访问艾迪·康塔的记录。那段记录是这样写的："我得自夫人的帮助，比得自世界上任何其他人还多。"艾迪·康塔还说："当我年轻的时候，她是我的益友，使我走上正途。我们结婚以后，她节省下每一分钱，并拿去投资再投资，她为我积累了一大笔资产。我有五个可爱的子女，她经常为我把家里收拾得舒舒服服。如果我能够有所成就，一切应归功于她。"

在好莱坞，婚姻就是冒险，即使伦敦的鲁易保险公司也不敢保险，但是华纳·白斯特的婚姻却是少数几个特别幸福婚姻中的一个。白斯特太太做小姐时的名字是魏妮菲·布瑞荪。她放弃了如日中天的舞台事业而选择了结婚，但是她从来不以她的牺牲来破坏他们的幸福。"她失去了在舞台上受大众喝彩的机会，"华纳·白斯特说，"但我却尽一切努力，要使她知道我对她的喝彩。如果女人要从她丈夫那里得到快乐，那一定是得自他的赞赏和忠实的热爱。如果赞赏和忠实的热爱出自他的真心,他就会得到幸福快乐。"因此,如果你要维持家庭生活的幸福快乐,最重要的原则之一是:衷心地对对方感兴趣,衷心地表示赞赏。

赞赏妻子,很重要的内容是赞赏她在生养孩子上所作的贡献。自古以来,人们都认为生育是妻子的专利,男人只需坐享其成就可。这种观念会带来两种误解:第一,女性必须具备与生俱来的天分,能不经学习就熟知分娩与育婴之事。早先的大家庭时代,长女通常可借照料弟弟妹妹来汲取经验,但今天除了"准妈妈教室"提供一些参考外,她们根本没有实际的经验。第二,丈夫与父亲的角色不易合一,在观念里他们虽是父亲,但实际上产后所有的亲子感情都落在母亲身上,父亲只能袖手旁观,无法建立参与的感觉。

正确的产后夫妻关系,必须建立在双方对新角色所能接受的程度上。在新角色里,夫妻的生活与以往不一样,彼此的关系也比以往更为疏离,男女分工的责任更为平均。但现代的女性往往要兼顾事业与小孩,很少人能够两样都做得很好。心理学家安·戴利女士在其《母亲的权利与影响》一书中指出:虽然女性不一定只能把一种角色做好,但如果两种都能做好的话,她应可算是女超人了。

到了第二胎出世以后,"婚姻生活"将彻底地转变成"家庭生活",女性也将产生被社会遗忘的感觉。她们为了孩子所付出的全部心力,可能会造成某种自我牺牲。因此,丈夫的鼓励是很重要的,如果他能说"我知道你已经被孩子的事拖累了,你已不再感觉像个独立的人了,但是,你的工作是伟大的,我对你的爱始终不渝"这样的话，会让妻子感动不已，觉得再辛苦也值得，但又有多少男人能有如此的细心呢？

即便度过了最繁忙的生育期，在很长一段时间内，女性仍面临各种的问题：工作负担过度、精神压力大、夫妻间的冲突、因年龄渐长生出的嫉妒、孩子的利益与自身的利益间的调整以及小孩成长所带来的教育问题，等等。虽然又回到了外界工作，但绝大多数女性都不可能不顾家。至于男性呢？他们从小孩身上得到满足了吗？他们也有被依赖的感觉吗？今天的社会对此问题的答案很少。

现代女性可以集职业妇女、妻子与母亲三种角色于一身，但父亲的贡献何在？他们难道是多余的吗？至少这个社会并没有把他们的重要性清晰地勾勒出来。然则，我们可以确定，今天妇女仍把生育小孩视为女性的天职，她们把家庭当作长期的精神投资场所，其所带来的满足与鼓舞足以弥补其付出的辛劳。

很多人过分强调了以下事实：婚姻关系不稳定，加上现代女性多半不愿放弃自己的事业、理想，很多女性不愿多生甚至压根儿就不愿意生小孩，使得近年不少国家的出生率保持下降趋势，甚至低于死亡率。应该说，即便如此，对多数女性而言，营造美满温馨的家庭仍是她们奋力追求的目标。

做丈夫的不要一味去指责妻子，而要从现在开始，勇敢地担负起家庭的责任来，同你的妻子一道共同营造一个温馨和谐的家庭。只要丈夫做了自己应该做的，妻子会很容易表现良好的。这一点，男人们大可放心。因此，每一个未来想成为领导者的人，把更多的智慧花在构建美满家庭上吧！

❀ 人际关系箴言 ❀

　　做丈夫的不要一味去指责妻子，而要从现在开始，勇敢地担负起家庭的责任来，同你的妻子一道共同营造一个温馨和谐的家庭。只要丈夫做了自己应该做的，妻子会很容易表现良好的。

给丈夫足够的自由空间

快乐是一种积极乐观的生活状态,而不仅仅是一种好心情。我们都想使自己的家庭生活幸福,那么,我们应该记住这样的话:不要改变你的伴侣,给他点儿自由的空间。

"和别人相处所要学习的第一课,就是不要干涉别人寻找快乐的特殊方式,如果这些方式并没有对我们产生强烈妨碍的话。"亨利·詹姆斯这样说。在伍德的著作《在家庭中共同成长》中说道:"若想婚姻成功,绝不只是找一个好的配偶,你也要自己成为一个好的配偶。"

给丈夫一把看起来杀伤力巨大的刀,却没有给足够他肆意挥舞的空间。这样,还不如给他一把水果刀。和丈夫共享一个嗜好,会使他变得快乐。但是,每个人都有享有自己特殊嗜好和兴趣的权利。

安德瑞·摩里斯在《婚姻的艺术》中表示:"没有一对夫妇能够得到幸福,除非夫妇之间能够相互尊重对方的嗜好。更深层一点说,如果希望两个人有相同的思想、相同的意见和相同的愿望,这个想法很可笑。这种事情是不可能的,也是不受欢迎的。"

如果你的丈夫热爱集邮,那么,应该让他有足够的空间去做自己喜爱的事情。或许，你会觉得他的爱好又傻里傻气又花销巨大，但你不能仅仅因为自己不能领会它的迷人之处就讨厌它，更不要有任何嫉妒的想法。应该给对方足够的空间发展他自己的爱好。

荷马·克洛伊在写《威尔·罗杰斯传记》电影剧本的时候，经常住在加州的一家农场里。克洛伊告诉我，有一天，罗杰斯突然想要一把外貌奇丑而且杀伤力极强的南美大刀。

罗杰斯的太太十分不理解丈夫为什么对这把刀情有独钟。她的第一个想法就是劝丈夫不要买。如果真的有了这样一把刀，也只能是看过两眼以后就忘了，然后放在一边不闻不问。

但罗杰斯的太太决定迁就丈夫，给他足够的空间去完成他想做的事。她甚至亲自帮丈夫从很远的地方买来了这把刀。这件事情使罗杰斯高兴得像个小孩子。

在罗杰斯的牧场中，有的地方长满了矮树丛。这些矮树丛长满了刺，罗杰斯就拿着这把大刀在矮树丛中砍伐几小时。最后，他清理出来可供行人和马匹通过的小径。当遇到难题时，罗杰斯会背上这把大刀，独自走到树林中大砍特砍自我消遣。独处一段时间后，就大汗淋漓地回去，他的问题就解决了，牧场也变得干净整洁了。

他经常对别人说，他收到这把大刀是最好的礼物之一。罗杰斯太太也因自己能够迁就丈夫，虽然在她看来有些可笑的想法，感到很开心。

罗杰斯拿着这把大刀在牧场挥舞着工作（更加健康和发泄紧张情绪的活动，你一定能够找到）。这就是一种爱好能带给男人的好处，能够使他神清气爽，发泄后能够快速冷静热心地回到自己的本职工作中。所以，作为女人，应该给丈夫足够的空间去养成工作以外的嗜好，这样，你也会从中得到益处。

我的表姐，詹姆·哈里斯夫人，她嫁给了一位审计员。她的丈夫在一家大型石油公司工作。哈里斯喜欢在工作之外的时间装饰室内和修整家具。我的表姐非常欣赏他的手艺，因为这常常能够使他们的家漂亮而吸引人。

哈里斯还有其他的爱好，这些爱好能够给他人带来无限的乐趣。譬如，他们家有一只黑色的苏格兰小猎狗马克，他会教马克演把戏。马克虽然是业余演员，但它还是非常喜欢观众的。它最拿手的就是弹钢琴，这给哈里斯带来了很多欢笑。

妻子完全不必担心丈夫追求别的女人，因为她鼓励丈夫培养一种嗜好。只有对生活感到无趣和厌倦，才会被别的女人所吸引。

心理学家曾给过我们一种警告信号：当一个男人沉迷嗜好而忽略了本职工作的时候，作为妻子的你就应该特别注意了。这种现象表示有些不对了。一定有什么原因让他通过嗜好来逃避工作。爱好真正的价值是在工作之余放松我们的心情，而不是代替我们的工作。

一个幸福快乐的男人一定比一个怕受到太太干扰的男人工作得更加出色，更能够获得成功。如果丈夫需要足够的空间，我们就该给他独处的空间。让丈夫独自去做他喜爱的事情，这会让他觉得拥有了真正属于自己的东西。这种情况适合任何一个人，而丈夫也是人。

有一个标准的单身汉告诉我：他会马上和这个女人结婚，如果这个女人愿意陪着他，而当他希望独处的时候，也能够尊重他这种愿望，让他独自去做他喜欢的事情。

家庭主妇通常有很多独处的时间，所以很难理解丈夫对这段时光的渴望。一个希望独处的男人，只是说，他想要从女性的需求和约束中获得自由。有一个可以用自己的方法来支配自己灵魂的机会。

有些丈夫想要在晚上离开自己出去待一段时间，或是打打保龄球，或是与男孩子打打纸牌。这些活动都会让他有一种自由独立的感觉。每个人想要得到的幻想都不一样。有的人会把自己关在车库里，有的人会选择钓鱼，有的人会检查车子，有的人会读一本小说。不管怎样，妻子如果能够尽心促成这件事情，那么她一定是一个聪明的女人。

丈夫需要从勒紧灵魂的皮带中解脱出来，作为妻子，应该帮助他去培养一个放松心情的休闲爱好，给他充足的时间去享受完全的自由，那么，你也会获得快乐。

人际关系箴言

快乐是一种积极乐观的生活状态，而不仅仅是一种好心情。我们都想使自己的家庭生活幸福，那么，我们应该记住这样的话：不要改变你的伴侣，给他点儿自由的空间。

鼓励丈夫做他理想中的那个人

你若想让自己的丈夫找到比别人更有前景、更加宽广的路，就需要你多一些支持、多一些信心。女人应该明白作为妻子的职责，应该温柔地鼓励丈夫，使他成为他理想中的那个人。你要赞赏他，为他加油打气，而不是刻薄地挑剔，拿他和邻居家的某某人相比。

玛乔丽·霍姆士认为：一个男人受到妻子的赞美，譬如，当他们听到"你真了不起，我以你为荣，我真高兴你是我的"这种话的时候，都是兴奋和愉悦的，几乎没有一个人不高兴得想要跳起来。

这种方法得到了很多成功人士的证明。

汤姆·勒斯顿是一个第二次世界大战中退伍的军人。他在战争中受了伤，一条腿不仅伤痕累累，而且有点残疾。幸运的是，他仍然没有放弃自己最喜爱的运动——游泳。

他出院没多久的一个星期天的早上，和他的太太去汉景顿海滩度假。当他在做完简单的冲浪运动回来以后，发现大家都在注视他那条满是伤痕的腿。以前从未在意过，但是现在在沙滩上享受日光浴的他,知道了自己这条腿太过惹眼了。

当第二个星期他的妻子再次建议去海滩度假时,汤姆拒绝了。他宁愿窝在家里也不愿再到海滩去了。他的太太显然注意到他的情绪不对,就对他说:"我知道你为什么不想去海边,汤姆。你对你腿上的伤疤产生了错误的认知。"

勒斯顿先生认为,他太太说的话是对的。她向他说了他这辈子永远都不会忘记的话。这些话使他内心充满了喜悦。勒斯顿的太太是这样说的:"汤姆,你腿上的伤疤都是你在战场上勇敢的象征,这就是勇气的徽章。你要为你赢得这些徽章而感到无上的光荣,而不是想办法把它们隐藏起来,不让别人知道。只要你记住你是怎样赢得它们的,你要骄傲地带它们去任何你想去的地方。现在,让我们去游泳吧。"

汤姆去了,他的太太给了他自信,除掉了他内心的阴影。从那时开始,他为自己拥有这些伤疤而感到自豪和骄傲,而不是感到自卑和忧虑。

派克斯先生曾给我写信,信中说:"我十分确信,一个男人不仅可以变成他理想中的人,而且能成为他的太太期望的人。"派克斯是一位成功人士,他拥有派克斯货运和装备公司。他的经历充分证明了这个道理。

"几年以来,我雇用过很多人,我不会把一个很重要的职位或者很需要信任的工作交给他,在我还未和他们的妻子谈话以前。在我看来,妻子的人生观和她能否鼓励她先生,在很大程度上能够决定一个男人的成败。因为我就是这样的一个例子。"派克斯先生这样对我写道。

"我的太太在嫁给我以前,是一个快乐的富家小姐,受过良好的教育,有个快乐的家庭,想要什么就有什么。而我,只受过很少的教育,没有什么资产。我只有一个自己想要闯天下的欲望。我除了强烈的欲望和妻子对我无条件的信任和信心以外,我一无所有。刚刚结婚的那几年,我们生活得很困苦,但是每当我遇到困难和挫折的时候,我太太的鼓励和理解总是不断地鼓舞着我去不断地努力。"

"在我的人生中,我的成功都离不开我太太不断的鼓励和对我的支持。虽然过去几年,她患了重病,但是她从未失去快乐。她总是想办法帮助我。在我早晨离家之前,她总是会问我'鲍勃,今天我能帮你办好什么事情呢?'而傍晚我回家的时候,我祈祷着自己不让她失望。"

不是所有的女人都能像派克斯太太那样,有些人总是想要自己的丈夫做出超过其自身能力范围的事情,成为她们想象中的样子。她们渴望穿更贵的衣服,开新的车子,加入独特的俱乐部,所以她们的丈夫永远都没办法满足她们的愿望。

让丈夫进步的方法并不是不断地对他们提出各种各样的要求,而是不断地鼓励他们。应该给他们足够的嘉奖和赞赏,找出他们能够发光发亮的才华。

他们需要建立自信,你就应该指出他们做过最有勇气的事情。"记得有一次,你对你的朋友说出你的想法,把你关于如何减少办公室浪费的事情说出来,这需要多么大的勇气呀!你真了不起,你做得很好!"这样的鼓励,即使是怯懦的人,也会逐渐敞开心扉,去追求成功。

一个女人应该向自己的丈夫表示她从心底里欣赏他,觉得他是个镇静而且十分能干的人,那么他就会觉得或许他表现得比自己认为的更加勇敢,这样他就会更加勇敢地做事了。妻子永远不要对丈夫说:"你失败了。"这一点老板会毫不犹豫地告诫他。而你应该在家里、在餐桌上、在床上,勉励他:人人都是可以获得成功的。一个女人说的话,如果是经过明智的选择的话,可能会改变一个男人对自己的看法,从而使他变得更好。

生活中,总是有很多女人抱怨自己的丈夫窝囊、懒惰、悲观,但是,她们似乎从未觉得自己能够使他们向上。只要给予适当的鼓励,丈夫就会变成理想中的样子。

女人发自内心的赞美和称赞,会让男人不断尝试努力发挥出最大的能力,从而获得成功。我们完全尽力了吗?没有人知道。只要我们把自己该做的事情做好,做一个欣赏丈夫的太太,那么,终有一天你会拥有一个理想中的丈夫。

人际关系箴言

让丈夫进步的方法并不是不断地对他们提出各种各样的要求,而是不断地鼓励他们。应该给他们足够的嘉奖和赞赏,找出他们能够发光发亮的才华。

关注见证你们爱情的细节

注意生活中的细节，就是对你所敬爱的人，表示你对他（她）的思念，并希望他（她）快乐，而他（她）的快乐也会使你有同样的感觉。

自古以来，鲜花一直是爱情的象征。它不需要花掉你多少钱，尤其是在花季的时候，在街口、路口，都可以看到卖花的人。顺便问一句，各位是否经常记得带一束鲜花回家给爱人？你或许以为它们都是贵如兰花，或者是你把它们看作瑶池中的仙草，才不想付出那般的代价，带回去给爱人？

不要等到爱人生病住院时才给她买花。大可以经常买束花送给她，看看有什么效果。乔治·柯汉是百老汇最忙的人，每天都习以为常地打给他母亲两次电话，直到她老人家去世的时候。你以为每次柯汉打电话给母亲，是有什么重要的事情要告诉这位老人家？那你就想错了。他只是在表达自己对母亲的关心，母亲自然也感到很幸福。女人对生日，特别是纪念日，都看得十分重要——原因是什么呢？那该是女人心理上一个神秘的谜！

现实生活中，很多男人都把应该记住的日子忘得干干净净。可是有几个"日子"是千万不能忘记的，比如妻子的生日和结婚纪念日。如果不能完全记起来，最重要的，别把妻子的生日忘记。

芝加哥的约瑟夫·沙巴斯法官曾审理过数万件婚姻冲突的案子，并使2000对夫妇重归于好。他说："大部分的夫妇不和都起因于许多琐屑的事情。诸如，当丈夫去上班的时候，太太向他挥手再见，可能就会使许多夫妇免于离婚。"

英国著名诗人劳勃·布朗宁和著名女诗人伊丽莎白·巴瑞特·布朗宁的婚姻，之所以被很多人视作有史以来最美妙的婚姻，并不是因为两人在文学上志同道合，而是因为两人永远不会忙得忘记在一些小地方赞美和照顾对方，正是这个原因，使两人得以保持爱的新鲜。

大多数男人低估这些小节的重要性。正如盖诺·麦道斯在《评论画报》中所说：美国家庭真需要一些新的花样。例如，在床上吃早饭，就是大多数女人喜欢放纵一下的事情。在床上吃早饭，对于女人，就像私人俱乐部对于男人一样，有很大的功效。这就是长久婚姻的真相——一连串细琐的小事情。

忽视这些小事的夫妇，就不可能幸福。诗人艾德娜·米蕾在她一篇小巧的押韵诗中这样说：并非失去的爱破坏我美好的时光，但爱的失去都是在小小的地方。这是值得记下来的一段好诗。

雷诺州有几个法院，一个星期有六天工作日，为人们办理结婚和离婚，据不完全统计，每10对结婚，就有1对离婚。这些婚姻的破灭，究竟有多少是由于真正的大事引起的呢？

真是少之又少。假如你能够从早到晚坐在那里，听听那些不快乐的丈夫和妻子所说的话，你就知道"爱的失去都是在小小的地方"。有若干男士都低估了夫妻间每天发生的琐碎事。这样长久下去会忽略了这些事实的存在，婚姻的不幸发生在他们身上也就不难理解了。

现在你可以试着把这几句话写下来,贴在你帽子里或是镜子上,使你每天可以看到。这几句话是:很多东西稍一疏忽就溜掉了,所以,要及时地做那些对人有帮助的事情;要及时地对人表达你的关心。有千万个家庭,就有千万种生活方式。虽然生活方式各不相同,但这个生活准则需要大家的注意,因为它是家庭幸福和睦的保证。

人际关系箴言

注意生活中的细节,就是对你所敬爱的人,表示你对他(她)的思念,并希望他(她)快乐,而他(她)的快乐也会使你有同样的感觉。

共同努力提升爱情的深度

一位失去丈夫的女人曾对我说:"戴尔,你知道吗?我的丈夫将永远不知道我有多么爱他了。"这种情况时常在我们的身边发生。"少年犯罪的主要原因之一,是因为小孩子觉得没人爱他。"社会工作专家艾西尔·H.怀斯先生说。作为纽约市少年家庭董事会秘书,他在麻州社会讨论会上这样表达。

我和我太太认为这种观点是正确的,我们曾对少年感化院的少年犯们讲授了关于人际关系的课程。通过我们对俄克拉何马州艾尔·雷诺的联邦少年感化院的孩子们进行的观察发现,几乎所有不幸孩子的普遍问题都源于对爱心的渴望。

有一个19岁的男孩子汤米,在孤儿院、监狱和感化院度过了他生命中大部分时间。他说:"我们渴望有人来爱我们,这是我们最需要的。但是从来没有人要爱我或是要我。"这恰恰是他们犯罪的理由。当一个人找不到食物的时候,他会吃下对自己有害的杂物。

爱是一种适当的粮食,滋养着我们的灵魂和成长,如若没有爱情,我们的心也会变得扭曲而变质。

爱的潜力是巨大的,像原子能的力量。你对丈夫的爱,会成为巨大的力量，推着他不断获得成功。一个真正爱自己丈夫的女人会尽全力使他感到快乐。

你给你丈夫哪一种爱情，也会影响你子女的幸福。保罗·柏派诺博士在全美教师家长联谊会中做了一次轰动的讲演。作为美国家庭关系协会的会长，他说："教师家长联谊会，如果愿意讨论如何使丈夫和妻子更好地相爱，而放弃谈论孩子的事情，或许会让孩子感觉更加幸福。"

我曾收到过一封信，是我的一位老朋友的遗孀写来的。她跟我说了很多的事情："吉姆不会再知道我有多么爱他了。我多么爱他、需要他。"

可是吉姆永远不会再回来，那些溜走的岁月永远不会回来。而吉姆也永远不会知道。

我想这个例子一定不是特殊的。有研究表明，男人认为婚姻不和的第二个原因在于妻子不知道如何表达她们的爱，往往通过唠叨、啰唆的方式让她们的丈夫感到厌烦。

对婚姻关系最具有影响力的专家德洛西·迪克斯说道："妻子常常抱怨，自己的丈夫从不赞美自己，把自己的存在当作理所当然，也从不注意她们身上所穿的衣服，丈夫总是不给她们任何外表看得出来的爱的表现。但当自己用同样冷淡的态度对待他们的时候，丈夫们总是会去追求那些称赞他们英俊、健壮、迷人的女人。通常这个时候，女人会奇怪为什么会这样？爱情的饥渴并不仅仅是女人会患的一种病，男人也会。"

女人应该被爱护、听甜言蜜语，这是每个女人都相信的真理。依我看来，这个说法是真的。大多数时候，抱怨丈夫忽略她们，同时，听不到丈夫甜言蜜语的女人，对自己丈夫的态度往往也并不十分热情。威廉·柏林吉尔博士描述那些神经质的女人："她们过于爱自己，而不愿分给别人更多的爱。"换句话说，对丈夫能够表现出极大的爱心的时候，往往会获得更多的注意力。

有些女人为了得到想要的东西，就故意利用男人对爱情的渴望，抑制对丈夫的爱心。马利兰高等法院曾经处理过这样的案例，争论的问题的核心是：妻子能不能因为丈夫不给自己需要的金钱，就不和丈夫说话。法院最后判这个女人败诉，因为一个人不可以对自己的爱情定价。

爱情是精神食粮，男人不能仅仅依靠面包活下去，还需要一块爱情的蛋糕，最好蛋糕上再加一点糖霜。

乔治曾夸大地说："我从经验出发，发现爱情和整理好家务往往不能同时做到完美。我认为当一个人的家里谨慎严肃时，那么不用多久你就会发现，丈夫和妻子之间的爱情也像机械化那样关系冰冷。令人温暖的爱情会造成不注意的凌乱，那是一种不期而遇的幸福。一个真挚热情地爱着自己丈夫的女人会成为一个完美的家庭主妇。"

当乔治对我说完这些话，我马上就能知道他是个单身汉。但是他的话中也包含着某些正确性，同样值得我们深思。

爱情就是相互地给予，没有什么事情能像互相深爱更让人感到幸福的了。爱情是一种丰富而慷慨的给予。妻子有时会适当地做出让步，但有时候又缺乏精神上的慷慨，譬如对丈夫从前的女朋友。

当你的丈夫无意间提起他的前女友时，你不应表现得太过吝啬，你应该赞扬她的好处，而不应该说那个女孩子是不是还是扎着辫子说着幼稚的话。如果不能想出一些赞美的话，也应该编造一些。

男人有时很希望妻子对自己说谢谢。在结婚以后,带着妻子在戏院度过一个愉快的晚上时、清晨倒完垃圾时……都希望听到妻子的感谢,因为他希望能够取悦自己的妻子。

作为妻子应该懂得相互谅解和体贴。当你的丈夫想要换上拖鞋休息的时候,你却要出门,这是不可取的。一个对丈夫充满爱的女人,首先想到的是丈夫的需求,会把自己的愿望放在第二位。

我的太太很辛苦地才明白这个道理。在我们的蜜月里,我和我的妻子在俄克拉何马州度过我们婚后的一个星期。我太忙了。我正忙着演讲的时候,本来还幻想着赞美的语言、罗曼蒂克情调、烛光和小提琴的演奏时,她却独自坐在房间里欣赏自己的嫁妆,那时她总对我表现出不悦和愤怒。但是,直到她能够学会成长为一个大女孩的时候,她认为自己非常地幸运,婚姻是适合大人的。爱情的意义在于帮助对方提高,也能够不断地发展自己。

人际关系箴言

你对丈夫的爱,会成为巨大的力量,推着他不断获得成功。一个真正爱自己丈夫的女人会尽全力使他感到快乐。

避免把简单的问题复杂化

凡是聪明人遇到问题时，都会努力把大事化成小事，再把小事轻描淡写，最后不了了之。如果要让自己和整个家庭生活得和和美美，就要学聪明人处理问题的方法来处理大小矛盾。

我曾对美国婚姻关系研究所所长鲁伯先生进行过一次专访。在交谈中，鲁伯先生告诉我，现在的美国，每一个家庭中的夫妻之间都或多或少地存在一些矛盾，而且有很多是非常复杂的矛盾。造成这种情况出现的原因很多，也很复杂，要想弄清楚并不是一件容易的事情。

我对鲁伯先生的话表示赞同，并且询问他有没有办法能够有效地帮助那些人解决婚姻中的难题。鲁伯先生笑了笑，说："事实上，卡耐基先生，虽然我承认婚姻中有很多复杂的难题，但我不为存在这些难题而不解，相反，我却为有很多夫妻双方遇到难题的时候，由于没有采用最有效的方法去解决，从而使得本来已经很复杂的难题变得更加复杂而忧心。"

老实说，当时的我没有完全领会鲁伯先生的话，因为我不明白什么叫把"已经很复杂的难题变得更复杂"。后来，当我对夫妻关系进行深入研究后，我才明白了鲁伯先生的意思。

一天晚上，我的邻居加森·唐纳德夫妇之间爆发了一场非常激烈的争吵，两个人几乎到了大打出手的地步。然而，令所有人都没想到的是，事件的起因居然是为了一份小小的报纸。

原来，唐纳德先生有一个看完报纸随手一扔的坏习惯，这一点让他的妻子非常有意见。那天晚上，唐纳德先生像往常一样将看完的报纸随手扔在了沙发上，结果惹来了唐纳德夫人的一顿唠叨。唐纳德夫人说："这么大人，难道你就不能长点儿记性吗？你要我说多少遍，看完的报纸一定要放回原处。"

唐纳德先生显然早已习惯了妻子的唠叨，因此，这次他仍不以为然，可这次却激起了妻子的大不满，只听唐纳德夫人说："看看你这副懒惰的样子，简直和你的母亲一样。在一个有修养的家庭成长起来的男人绝对不会做出这种让人讨厌的事情。"这时，唐纳德先生被激怒了，大声回应道："你说什么？这关我母亲什么事？她是世界上最伟大、最值得别人尊重的母亲，你居然敢侮辱她？"

于是，两个人围绕唐纳德先生的母亲展开了争吵，接着话题又转移到唐纳德夫人的家人、唐纳德先生以前的丑事以及很多本来与报纸无关的事情上。

为什么随手丢一份报纸的小事竟会牵扯出这么多与此无关的事情？为什么这个小小的导火索居然会引发如此之大的"爆炸"？我始终想不明白，唐纳德夫人为什么要将"不把报纸放回原处"这件事和唐纳德先生的母亲扯在一起？为什么要把本来很简单的问题变得如此复杂？女士们，如果是你会不会把事情弄出这么大的动静？

事实上，很多人都容易犯这个错误，当他们遇到问题时，往往往是简单地分析，却复杂地处理。也就是说，有些人在遇到家庭矛盾的时候，根本没有经过深思熟虑就做出判断，然后根据自己当时的情绪进行处理。更严重的是，有些人为了让问题的严重性更突出一点，不惜想尽办法把简单问题变得复杂化，因为在她们看来，只有复杂的问题才是最重要的。

　　有天晚上，我的远房表哥德列尔·博斯特怒气冲冲地推开了我的门。当时我被吓了一跳，不知道究竟发生了什么事。表哥对我说："戴尔，我受够了，这次我一定要和那个可怕的女人离婚。"我知道他说的是我的表嫂，于是就问他到底发生了什么事。表哥沉默了一会儿，说："其实我知道，夫妻之间总会吵架的，这也是很平常的事情。这种夫妻之间的争吵也不该伤害到彼此的感情，可你表嫂做得实在太过分了。我不明白，仅仅是因为我忘记了买洗发水，她居然能够把这件事和我的人品扯上关系。戴尔，你说它们之间有关系吗？事实上，这已经不是第一次了，她经常借机讽刺我、挖苦我，总是把一些芝麻大的事说得很复杂、很严重，这让我实在难以接受。因此，经过再三考虑，我决定和她离婚。"

　　我感到事态已经到了很严重的地步，因此我让表哥暂时住在我家，而我去拜访了我的表嫂，当表嫂听完我的情况介绍以后，感到非常震惊，因为她不知道自己的这种行为居然会带来如此严重的后果。表嫂哭着对我说，她并不是故意要伤害表哥的，事实上她不过是想引起表哥对这件事的重视，因为表哥总是丢三落四。我想，经过这件事以后，我的表嫂再也不会像以前那样处理问题了，因为那只会给她带来可怕的后果。

　　加州大学的心理学博士鲁卡德·博德尔曾说："很多人都有

这样一种心理，那就是喜欢把问题复杂化，为的是突出其重要性。应该说，这是处理夫妻之间关系的一大忌讳。事实上，我一直都认为，在处理婚姻问题时，最简单的方法就是不管发生什么事，只要是家事就做淡化处理，这也是最直接、最有效的方法。其实，处理家庭矛盾完全可以将那些复杂的问题简单化，从而最快、最好地解决婚姻中的难题。"

的确，其实所谓"婚姻中的复杂难题"不过是夫妻日常之间的一些小矛盾而已。当然，这种小矛盾是不可避免的，所以婚姻中的复杂难题也就必然存在。然而，正是因为人们不懂得该如何处理这些小矛盾，才使得问题越来越大，越来越难解决，最后到了不可收拾的地步。我想，我们每个人都应该听一听鲁卡德·博德尔博士的意见，采用简单的方法处理婚姻中遇到的复杂问题。

那么，究竟该如何将婚姻中的复杂难题简单处理呢？

第一点是非常重要的，事实上，正是因为很多女士没有在经过深思熟虑的情况下就对事情做出了判断，才最终导致问题变得更加复杂。如果那些女士能够在"爆发"之前从多个角度、多个侧面对问题进行深入分析的话，相信她们也不会做出那么冲动的事情。就拿唐纳德夫人来说，如果她把丈夫的那种行为仅仅看成一个坏习惯的话，相信她也不会说出伤害唐纳德先生自尊的话。那样一来，唐纳德先生也就不会与她进行争辩。也许，这么做并不能使问题得到最终解决，但我想总比把问题变得更难解决要好得多。因此，当夫妻间发生矛盾的时候，请不要在最短的时间内做出判断。我希望你们能够冷静一下，至少应该给自己半天的时间，说不定那时你的想法就会发生改变。

第二点是以第一点为基础的。很多人对如何处理出现的矛盾确实经过慎重的考虑了，可他们依然把问题复杂化了。这是因为，这些人在最开始思考的时候就选错了方向，往往把事情往最坏的方面想。曾经有一位女士说，她实在不能容忍丈夫每天晚上睡觉前不刷牙，因为她觉得那是一种非常龌龊甚至肮脏的行为。其实问题远没有那么严重，不刷牙不过是一种不好的习惯，而它所能带来的最大的危害也不过是不利于丈夫的牙齿健康。说真的，这确实和道德品质没有一丝关系，可那位女士却小题大做了。

女士们，试想一下，如果你们怀着这种态度和丈夫讨论该不该刷牙的问题，那么这件小事会变成什么样子？我想，它很有可能让丈夫的尊严受到挑战而引发大冲突，甚至是离异。

第三点是第二点的延续，不过它更适用于处理那些婚姻中所出现的真正的难题。曾经有这样一对夫妻，在他们结婚20年后，事业有成的丈夫在外面有了情人，妻子知道这件事以后非常伤心。然而，丈夫却对她说，自己心中深爱的永远是她，至于那个情人，不过是让他暂时体会到一些新鲜感和刺激罢了。相信，很多女士都会把这个男人的话当成谎话，因为它听起来的确像是借口。可是，妻子却不这么认为，她深信丈夫的话，因为她能感觉到丈夫对她的爱。她始终坚信，丈夫终有一天会回到自己的身边。果然，一年之后，丈夫真的和情人分手了，因为他觉得妻子永远是最爱他的人。

因此，我希望女士们在遇到问题时，哪怕是那种真的看起来十分严重的问题，也要看淡它。只有你们对问题抱有乐观向上的态度，才能让自己有耐心和信心去面对，不会因为一时的冲动而让矛盾激化到不可收拾的地步。不过，我要提醒女士们的是，这种乐观的态度是建立在拥有足够的判断力的基础上的，而并不是那种盲目的乐观。

第四点则属于技巧性的。实际上，我是想告诉女士们，当你们和丈夫讨论该如何解决所遇到的矛盾时，不要将别的事牵扯进来。要就事论事，一个问题出来本来就已经添乱了，如果再加上一些其他的事情，那么无疑就会转移或激化矛盾，从而使最主要的问题更难解决。因此，女士们不管在婚姻生活中遇到什么样的问题，我希望你们都能够就事论事，力求大事化小，小事化了。矛盾解决了，生活也就安稳了。

❀ 人际关系箴言 ❀

在处理婚姻问题时，最简单的方法就是不管发生什么事，只要是家事就做淡化处理，这也是最直接、最有效的方法。